ALBERT SOUBIES ET ERNEST CARETTE

LES

RÉPUBLIQUES

PARLEMENTAIRES

❋

PARIS

ERNEST FLAMMARION, ÉDITEUR

RUE RACINE, 26 (PRÈS L'ODÉON)

—

1902

ALBERT SOUBIES ET ERNEST CARETTE

LES

RÉPUBLIQUES

PARLEMENTAIRES

---- ---- * ---- ---- ----

PARIS

ERNEST FLAMMARION, ÉDITEUR

RUE RACINE, 26 (PRÈS L'ODÉON)

--

1902

LES

RÉPUBLIQUES

PARLEMENTAIRES

46785. — PARIS, IMPRIMERIE LAHURE

9, rue de Fleurus, 9.

ALBERT SOUBIES ET ERNEST CARETTE

LES

RÉPUBLIQUES

PARLEMENTAIRES

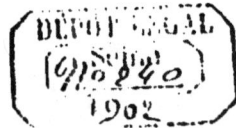

PARIS ·

ERNEST FLAMMARION, EDITEUR

RUE RACINE, 26 (PRÈS L'ODÉON)

1902

AVANT-PROPOS

L'ouvrage que nous publions aujourd'hui est d'un genre nouveau.

Il existe nombre d'excellents livres qui ont pour objet l'étude des constitutions; mais les uns sont des traités doctrinaux consacrés à l'étude générale des problèmes d'organisation politique, les autres se bornent à exposer la constitution française, soit isolée, soit comparée aux constitutions étrangères.

Il nous a semblé qu'il y avait à faire, sinon mieux, du moins autre chose.

En effet, si tout le monde reconnaît l'existence de deux formes de gouvernement, la République et la Monarchie, les publicistes modernes s'accordent à distinguer dans la République trois régimes différents :

Le régime républicain démocratique, où le peuple exerce par lui-même et non par délégués une part des fonctions du Gouvernement ou des Assemblées; tel est le régime de la République helvétique.

Le régime républicain représentatif, où le peuple

exerce le pouvoir par délégués, mais où Gouvernement et Assemblées sont respectivement indépendants; tel est le régime dont le type classique est offert par la constitution des États-Unis.

Le régime républicain parlementaire, où le peuple exerce le pouvoir par délégués, mais où Gouvernement et Assemblées sont solidarisés par un Cabinet nommé par le chef du pouvoir exécutif, mais responsable devant les Chambres; tel est le régime sous lequel nous vivons.

Cependant, si l'on a nettement formulé cette division, on ne semble pas en avoir fait le cadre d'une étude des organisations politiques; on ne paraît pas les avoir passées en revue en les ordonnant par rapport au régime qui leur sert de moule d'ensemble; autrement dit, si l'on a bien, en droit constitutionnel général, jeté les fondements de la classification des régimes, on n'a pas encore fait de droit constitutionnel descriptif sur les bases de cette classification.

C'est ce que nous avons tenté d'exécuter, partiellement tout au moins, pour l . gi. dont relève l'organisation politique de notre pays.

Nous ne nous sommes pas dissimulé les difficultés de notre entreprise, même ainsi limitée.

D'un côté, en effet, l'étude d'un régime ne consiste pas seulement, comme on serait volontiers tenté de le croire, à définir les attributions du chef de l'État, du ministère et des Chambres : si ce sont là les rouages essentiels, il y en a d'autres qu'il importe de ne pas négliger : il faut examiner et les Conseils établis auprès du pouvoir central, qui souvent sont une sorte de complément du Parlement, et les Cours souveraines qui, souvent aussi, partagent avec le Parlement la suprême juridiction.

Parfois ces organes secondaires sont institués par la constitution, parfois ils ne sont pas mentionnés dans les lois fondamentales. Au fond, le caractère des lois qui les établissent n'a qu'une importance secondaire, car les éléments de la description d'un régime ne se trouvent pas tous dans les constitutions proprement dites : à côté de ces textes fondamentaux généralement incomplets et que la tendance moderne est de restreindre toujours davantage, il y a les lois, il y a les règlements des Chambres, et c'est souvent dans ces règlements que l'on rencontre les traits caractéristiques du régime; il y a enfin les usages et les précédents qui eux a fournissent leur contribution de matériaux importants.

Or, s'il est relativement facile de rassembler les textes ou les traductions autorisées des constitutions elles-mêmes, rien n'est plus malaisé que de recueillir les renseignements complémentaires épars dans cette masse de documents difficiles à réunir d'une façon complète, et où, pourtant, se rencontrent certains traits qui complètent la physionomie du régime. En veut-on un exemple? Chez nous, une disposition légale considère comme démissionnaire tout membre du Parlement qui accepte les fonctions d'administrateur d'une compagnie de chemins de fer. Sait-on où se trouve cette disposition? Dans l'article terminal d'une loi du 10 novembre 1885 ratifiant une convention passée avec la compagnie de Paris-Lyon-Méditerranée.

D'un autre côté, si rien n'est plus simple que de distinguer dans leurs grandes lignes les différents régimes politiques, il est singulièrement délicat de déterminer auquel de ces régimes il convient de rattacher une organisation politique.

Sans doute l'existence du referendum permet de discerner assez facilement les constitutions qui se rattachent au régime démocratique. Mais comment distinguer sûrement le régime représentatif et le régime parlementaire?

Ce qui caractérise le régime parlementaire, c'est que le Cabinet dépend du Parlement. Or, à quel signe extérieur reconnaîtra-t-on cette subordination du ministère à la majorité parlementaire?

Sera-ce à l'entrée des ministres dans le Parlement, à la faculté pour les ministres de prendre la parole dans les Assemblées? Mais, sauf au Brésil et aux États-Unis, partout les ministres ont l'entrée dans les Chambres, et cependant, dans la plupart des Républiques hispano-américaines, ils ne relèvent que du Président.

Sera-ce à la compatibilité des fonctions de ministre et de membre des Assemblées? Mais au Venezuela, d'un côté les sénateurs et députés nommés ministres cessent d'occuper leur siège législatif et ne peuvent le reprendre qu'un an après avoir quitté le ministère, et d'un autre, non seulement les ministres sont personnellement responsables des actes individuels, et solidairement des actes délibérés en

Conseil, mais encore un simple vote de blâme de la Chambre des députés suffit à faire considérer comme vacant le poste du ministre blâmé.

En réalité il n'y a pas de signe extérieur auquel on puisse s'attacher d'une façon absolue. Il en est de la classification des organisations politiques comme de celle des animaux et des plantes : c'est plutôt l'ensemble des traits qu'un caractère spécial, si important soit-il, qu'il faut considérer.

Ce ne sont pas les seules difficultés que l'on rencontre.

Les constitutions ne sont pas modelées sur le type d'un de ces trois grands régimes dont la conception, d'ailleurs, ne s'est guère dégagée nettement que de nos jours. Les auteurs des chartes politiques ont souvent pris leur bien partout où ils croyaient le trouver, et ont ainsi réalisé des organisations passablement hybrides. De pareils « ambigus », pour employer un vieux mot de Molière, de régime parlementaire et de régime représentatif ne sont pas rares.

« La constitution du Chili, dit M. Espinosa, est empruntée pour deux tiers au parlementarisme et pour le tiers restant au système représentatif.

« Elle tient du parlementarisme le pouvoir pour le Congrès de changer les ministères et de leur imprimer des directions, et du système représentatif la responsabilité du Président et le droit de *veto* qui, chez les peuples parlementaires, est une formule, et chez les autres un moyen de résister au pouvoir législatif, et qui va, au Chili, jusqu'à convertir le pouvoir exécutif en une branche du pouvoir législatif. »

De plus, dans la pratique, les distinctions des
deux régimes tendent à s'effacer. « Le gouvernement
parlementaire, a dit M. de Saint-Girons, est une conséquence du système représentatif », et M. Esmein
constate que les Chambres des Républiques représentatives de l'Amérique centrale et méridionale « abu-
sent facilement des dispositions constitutionnelles
pour réintroduire par une porte détournée les pra-
tiques du gouvernement parlementaire », et que « les
Présidents eux-mêmes cherchent instinctivement à
composer des Cabinets qui répondent à la majorité dans les Chambres, sauf à affirmer parfois leur
droit d'avoir une politique absolument indépen-
dante ».

Ajoutons encore que les expressions des constitutions sont singulièrement trompeuses, que la responsabilité des ministres existe dans le régime représentatif comme dans le régime parlementaire, ici vis-à-
vis du Président, là vis-à-vis des Chambres, et que
l'équivoque des termes peut prêter à la confusion;
n'oublions pas enfin qu'il s'agit souvent de pays en
proie à des crises incessantes, en état de révolution
chronique.

Ces difficultés ne nous ont point rebutés. Quelque
malaisé qu'il puisse être de la discerner, la différence
entre les Républiques représentatives et les Républiques parlementaires n'en est pas moins une réalité,
et une réalité fondamentale. Aussi avons-nous, avec
les éléments d'information que nous pouvions posséder, passé en revue les vingt-cinq Républiques qu'é-
numère le classique Annuaire politique de l'Angle-

terre, le *Statesman's Year-book* pour 1901. Nous avons
mis à part celles que l'existence du referendum ratta-
chait au régime républicain démocratique; quant aux
autres, nous nous sommes efforcés de ne retenir que
celles qui relèvent du régime parlementaire, en nous
attachant aux formes extérieures telles qu'elles nous
sont fournies par les textes officiels, et sans prétendre
rechercher si la constitution qu'ils présentent est une
vérité, ou si, comme il est arrivé parfois dans le
passé, les formes parlementaires ne sont qu'un dé-
guisement de la dictature.

Nous n'en avons rencontré que cinq : la France
dont les lois fondamentales offrent le type le plus net
du régime; le Chili, dont, nous l'avons vu, la constitution est aux deux tiers parlementaire; le Venezuela
où un vote de blâme de la Chambre des députés rend
vacant le poste des ministres blâmés; Haïti et Saint-
Domingue où les ministres sont responsables devant
le Congrès.

Sans doute, ces organisations politiques présentent
entre elles de singulières diversités.

Bien différentes sont les dates auxquelles elles
remontent : la constitution française fut votée en
1875; celle du Chili est de 1855; celle d'Haïti du
9 octobre 1889; celle du Venezuela du 21 juin 1893;
celle de Saint-Domingue du 20 juin 1896.

Bien différents sont les actes qui les consacrent :
tandis que les constitutions du Chili, d'Haïti, du
Venezuela, de Saint-Domingue sont des actes uniques
renfermant chacun un grand nombre d'articles, de
véritables codes politiques, la constitution française

se présente sous les espèces de trois lois séparées : l'une du 24 février 1875 sur l'organisation du Sénat, la seconde du 25 février 1875 sur l'organisation des pouvoirs publics, la troisième du 16 juillet 1875 sur les rapports des pouvoirs publics.

Bien différents sont les États où elles sont établies : États unitaires comme la France, le Chili, Haïti et Saint-Domingue ; République fédérative comme les États-Unis de Venezuela.

Bien différentes sont les dispositions qu'elles renferment : les unes admettent la compatibilité des fonctions de ministre et de membre du Parlement, comme en France et au Chili ; les autres, ou la repoussent, comme à Haïti et à Saint-Domingue, ou suspendent le ministre de ses fonctions parlementaires, comme au Venezuela.

Mais enfin, dans toutes ces organisations, les ministres sont responsables, non envers le Président, mais envers le Parlement. Ils ne sont donc pas dans la dépendance du chef de l'État mais dans la dépendance des Assemblées : ce sont, non des ministres du Président, mais des ministres parlementaires, et c'est là le trait essentiel de tout le système.

Sans doute, ce trait pourra paraître bien fugitif. Il n'en indique pas moins la démarcation de deux régimes comme la ligne idéale de l'équateur marque la séparation des deux hémisphères.

LES
RÉPUBLIQUES PARLEMENTAIRES

CHAPITRE I

LE GOUVERNEMENT

I

LE CHEF DE L'ÉTAT

Le chef de l'État est le Président de la République.   Dénomination.
Dans toutes les Républiques parlementaires le chef
de l'État porte le titre de Président de la République :
Président de la République française, ou Président de
la République du Chili, de la République haïtienne
ou dominicaine. A Haïti, la constitution emploie
indifféremment les titres de Président de la République haïtienne et de Président d'Haïti; au Venezuela,
le titre est Président des États-Unis de Venezuela.
En France, le titre de Président de la République ne
fut conféré au chef de l'État que par la loi du 31 août
1871, connue sous le nom de proposition Rivet.
Jusque-là M. Thiers avait seulement porté le titre de
chef du Pouvoir exécutif. Ce titre de Président de la
République, qui blessait les oreilles des monarchistes

1

de l'Assemblée nationale, parut un instant menacé, et
le duc de La Rochefoucauld proposa de donner au
chef du Pouvoir exécutif la dénomination neutre de
Président du Gouvernement de la France.

Éligibilité.　　Ce titre, il est permis en principe à chacun d'y aspirer. Tout soldat se félicite de porter dans sa giberne,
sinon le bâton de maréchal qui ne figurera plus désormais qu'aux Invalides parmi les reliques militaires, du
moins la plume blanche de général en chef. Dans une
démocratie, tout citoyen tient à pouvoir briguer à
l'occasion la première magistrature du pays. Il est
pourtant certaines précautions dont aucun régime, si
libéral soit-il, ne saurait se départir.

En France, toutefois, pendant les neuf premières
années qui suivirent la constitution de 1875, aucune
condition ne fut exigée des candidats à la Présidence,
et nulle candidature excentrique ne chercha à profiter
de cette lacune constitutionnelle. La loi du 14 août
1884 n'a restreint que bien peu la liberté du choix, et
si elle a imposé une condition, c'est une condition né-
gative. Pour pouvoir être candidat, il faut n'être pas
membre des familles ayant régné sur la France. C'est
manifestement le souvenir du 10 décembre 1848 et de
l'élection à la Présidence de la République du neveu
et de l'héritier dynastique de l'Empereur qui a inspiré
cette disposition.

Cette condition, la seule qu'exige la constitution
française, ne se rencontre dans aucune autre des constitutions qui nous occupent. C'est qu'en effet le Chili
et le Venezuela n'ont jamais, depuis la proclamation
de l'indépendance, connu d'autre régime que le régime

républicain, et que si dans la vieille « Hispañola » de
Colomb, scindée aujourd'hui en République haïtienne
et en République dominicaine, Dessalines, Christophe
et Soulouque ont institué des empires, ces monarques
sans successeurs n'ont pas laissé de traces assez pro-
fondes pour qu'on ait à redouter la popularité de leurs
familles. En revanche, ces constitutions exigent des
conditions de divers ordres : conditions de nationalité, nationalité haïtienne d'extraction et conserva-
tion de la nationalité de naissance à Haïti, origine
nationale à Saint-Domingue et au Venezuela, naissance sur le territoire au Chili, conditions qui, à travers des variantes de détail ou d'expression, trahissent
la même préoccupation : exclure les naturalisés, les
étrangers d'hier de la plus haute charge de l'État;
conditions de pleine capacité juridique, jouissance
des droits civils et politiques à Haïti et à Saint-
Domingue, jouissance du droit électoral au Chili;
garanties sociales enfin, possession d'un immeuble
et d'un domicile sur le territoire à Haïti, résidence
dans la République à Saint-Domingue, et enfin, au
Chili, possession d'un revenu de 500 pesos ou
2500 francs. Le Chili, d'ailleurs, ne demande guère au
Président de la République que ce qu'il exige du
simple député. Il ne demande en plus au chef de
l'État que la naissance sur le territoire.

Mais s'il y a beaucoup d'appelés, il n'y a qu'un seul Mode d'élection.
élu. Comment sera-t-il désigné?

Dans les Républiques parlementaires il n'y a que
deux systèmes électifs en vigueur : l'élection par les
Assemblées et l'élection par le peuple.

La France suit le premier système.

En France, le chef de l'État est élu par les deux Chambres réunies en Assemblée nationale. Il doit obtenir la majorité absolue du nombre des membres du Parlement. L'Assemblée nationale doit se réunir un mois avant l'expiration des pouvoirs du Président en fonctions. Si les Chambres n'ont pas été convoquées, elles se réunissent de plein droit quinze jours avant l'expiration de ces pouvoirs. C'est l'Assemblée nationale qui élit le Président de la République, et, aux termes de l'article 3 de la loi du 22 juillet 1879, l'Assemblée nationale ne pouvant se réunir qu'à Versailles, c'est donc Versailles, l'antique séjour des rois de France, qui, par une bizarre fortune, se trouve aujourd'hui la ville électorale de notre démocratie. C'est une véritable séance que tient l'Assemblée nationale pour l'élection du Président, bien que l'on eût pu, comme l'indique M. Charles Lefebvre dans son *Étude sur les lois constitutionnelles*, substituer, peut-être avec avantage, à cette réunion plénière, un simple scrutin; mais cette séance n'est qu'une Assemblée électorale, et les présidents ont toujours écarté toute proposition ou tout débat étranger à l'élection. Ainsi, le 30 janvier 1879, lors de la démission du maréchal de Mac-Mahon, on refusa d'entendre et M. Sarlande et M. de Gavardie, l'un demandant si le nouveau Président serait élu pour sept ans ou ne ferait qu'achever le septennat du maréchal, l'autre proposant que l'on délibérât sur l'acceptation de la démission du maréchal. Sur une motion de Gambetta la question préalable fut opposée à ces interrogations et l'on reconnut qu'en pareille circonstance, le Congrès, collège électoral national, ne pouvait délibérer.

Le système de l'élection par le Parlement est aussi en vigueur dans la République haïtienne. A Haïti, comme en France, le Président est élu par les deux Chambres réunies en Assemblée nationale : mais il doit réunir la majorité des deux tiers. Si cette majorité n'est pas réunie au premier tour, un second tour a lieu où la même majorité est encore requise : fait-elle de nouveau défaut, le ballottage, au troisième tour, est restreint aux trois candidats, et, au quatrième tour, aux deux d'entre eux qui ont obtenu le plus de suffrages : si à ce dernier tour il y a égalité, on tire au sort.

Le second système, l'élection par le peuple, est pratiqué à Saint-Domingue, au Chili et au Venezuela, mais dans des conditions diverses : à Saint-Domingue et au Chili, l'élection est à deux degrés; mais à Saint-Domingue ce sont les électeurs ordinaires du second degré, au Chili des électeurs spéciaux qui procèdent à l'élection; au Venezuela, le suffrage est direct.

A Saint-Domingue, les assemblées électorales se réunissent au mois de novembre qui précède l'expiration d'une période constitutionnelle. Elles peuvent être convoquées extraordinairement.

Les assemblées primaires se réunissent de plein droit, dans chaque commune, le 1er novembre, sur une note adressée aux électeurs le 1er octobre précédent. Elles se composent de tous les citoyens âgés de dix-huit ans ou mariés. Ces assemblées, qui sont appelées aussi à élire les administrateurs et les syndics des municipalités, nomment les délégués, électeurs du second degré, parmi les électeurs domiciliés dans la province ou le district maritime — c'est le nom qu'on donne aux provinces littorales — où a lieu l'élection, âgés de vingt et un ans ou mariés et sachant lire et écrire.

Les délégués — ils sont au nombre de 614 pour toute la République — constituent les collèges électoraux. Ils se réunissent de plein droit au chef-lieu de chaque province ou district le 27 novembre. Ils votent à la majorité absolue et au scrutin secret. Outre le Président et le Vice-Président de la République, les collèges électoraux élisent les membres titulaires et suppléants du Congrès, et dressent les listes des personnes de la province possédant les aptitudes nécessaires pour pouvoir être membres de la Cour suprême ou des tribunaux.

C'est le président du Congrès qui procède en séance publique au dépouillement du vote des provinces et districts.

Au Chili, lorsqu'est arrivée l'année où doivent expirer les pouvoirs d'un Président, les électeurs primaires, c'est-à-dire les Chiliens ayant accompli leur vingt et unième année, sachant lire et écrire, — électeurs qui, pour le dire en passant, élisent aussi bien les membres du Sénat que ceux de la Chambre des députés, — se réunissent le 25 juin et procèdent à la désignation des électeurs présidentiels. Ces électeurs sont trois fois aussi nombreux et soumis aux mêmes conditions d'éligibilité que les députés. Ils s'assemblent, un mois après, au chef-lieu de la province et procèdent au scrutin pour l'élection du Président de la République. Le résultat de chaque scrutin provincial est consigné dans deux originaux dont l'un reste déposé aux archives de la province et dont l'autre est transmis au président du Sénat. Le 30 août, le Congrès se réunit en séance plénière et procède au recensement des votes.

Au Venezuela, le suffrage est direct.

Le Venezuela est une république fédérale, et chacun des États qui le composent demeure maître de régler comme il l'entend l'exercice du droit électoral sous la condition de respecter le double principe du suffrage direct et du scrutin secret. En fait, ils ont tous adopté le suffrage universel. Mais c'est la législation fédérale qui détermine le corps électoral chargé de désigner le Président de la République. Le Président est élu au suffrage universel. Aux termes de la loi du 5 juin 1896, est électeur tout citoyen de vingt et un ans domicilié. Les électeurs se réunissent au mois de septembre de l'année qui précède l'expiration des pouvoirs du Président. Le scrutin a lieu à la commune. Il dure trois jours, les 10, 11 et 12 septembre. Le scrutin ouvre à 6 heures du matin pour fermer à 4 heures du soir. Le dépouillement a lieu chaque jour. C'est la junte électorale, sorte de bureau électoral, mais bureau électoral élu par les électeurs le 1er septembre, qui y procède. Les résultats des communes sont envoyés au chef-lieu de district où, le 1er octobre, la junte électorale de district en fait le dépouillement. Les résultats de chaque district sont envoyés au chef-

lieu de l'État où la junte de l'État procède, le 1ᵉʳ novembre, au recensement. Trois procès-verbaux sont
dressés et transmis, l'un au président du Sénat, l'autre
au ministre des Affaires étrangères, le troisième au
président de la Haute Cour fédérale.

Tout électeur a le droit de demander l'annulation
des opérations électorales pour élection non effectuée
dans le temps fixé par la loi, ou faite en dehors
du local réglementaire; pour défaut de *quorum*, ou
nombre suffisant de membres dans les juntes électorales qui aux divers degrés ont procédé au recensement des votes; pour nombre de votants supérieur à celui des inscrits, et enfin pour falsification
de l'élection.

Le recensement général des votes est fait par le
Congrès réuni en séance plénière le huitième jour
de sa session. Mais il peut arriver qu'à ce moment le
Congrès ne compte pas un *quorum* suffisant, hypothèse qu'on doit prévoir dans un pays qui, grand
deux fois comme la France, ne possédait, il y a une
vingtaine d'années, pour toutes voies de communica-
tion, que des sentiers à peine tracés. Le Congrès, en
ce cas, s'ajourne. Si cependant, cinquante jours après
le 20 février, époque où le Président doit normalement
entrer en fonctions, le Congrès n'a pu réunir un *quorum*
suffisant, le dépouillement passe à la Haute Cour
fédérale.

Ballottage. Mais il peut arriver qu'aucun des candidats n'ait
obtenu la majorité absolue. Logiquement on devrait
procéder à un nouveau scrutin. C'est une solution à
laquelle aucune des constitutions qui nous occupent

n'a eu recours, et, en effet, direct ou à deux degrés, le suffrage populaire est une masse trop peu maniable pour qu'on songe à la remuer deux fois. D'ailleurs, entre des rivaux dont les chances se balancent, quelles violences et quelles intrigues n'aurait-on pas à redouter? Dans ce cas — et, aussi, au Venezuela, dans celui où quarante jours après la réunion du Congrès les deux tiers des registres électoraux ne lui sont pas parvenus, — l'élection passe au Parlement.

Au Chili, c'est l'Assemblée nationale, composée des deux Chambres, qui procède à l'élection : mais elle ne peut choisir qu'entre les deux candidats qui ont obtenu le plus de suffrages.

Au Venezuela, le choix du Congrès est aussi limité aux deux favoris; le scrutin doit avoir lieu dans une seule séance; on vote par État, le district fédéral se groupant pour voter avec l'État de Miranda, et le vote de chaque État est déterminé par la majorité absolue des sénateurs et des députés qui en composent la représentation. Si le défaut de *quorum* n'a pas permis au Congrès de se constituer, c'est la Haute Cour fédérale qui, après avoir constaté qu'aucun des candidats n'a réuni la majorité absolue des suffrages populaires, désigne à la majorité des deux tiers, parmi les deux favoris, le Président de la République.

A Saint-Domingue, c'est le Congrès, Chambre unique, qui choisit le Président, d'abord entre les trois, puis entre les deux candidats qui ont obtenu le plus grand nombre de voix. Comme au Venezuela, l'élection doit avoir lieu dans une seule séance, et aucun député ne peut s'absenter ou s'exempter de voter.

Installation. En France, l'installation du nouveau Président s'opère de la façon la plus simple. C'est dans le cabinet du président du Congrès que le président du Conseil, Président intérimaire, fait la remise de ses pouvoirs au nouvel élu. On peut remarquer d'ailleurs que la situation la plus délicate, celle d'un Président appelé à remplacer un Président à la veille de l'expiration de son mandat, ne s'est pas encore présentée. En 1886, M. Grévy se succédait à lui-même, et, dans les autres élections, la démission, pour le maréchal de Mac-Mahon, M. Grévy et M. Casimir-Perier, la mort pour M. Carnot et M. Félix Faure laissaient la place vide. Le Président n'est astreint à aucun serment et il est élu personnellement pour une durée de sept années qui commence à la date même de son élection.

Dans la plupart des autres pays il n'en va pas, en général, aussi simplement.

Le Chili, Haïti, Saint-Domingue exigent du Président un serment; le Venezuela lui demande un « engagement solennel » de bien remplir les fonctions auxquelles il est appelé. La République dominicaine considère la durée des pouvoirs du chef de l'État comme personnelle à l'élu, et le Président a quatre ans à accomplir à partir de son entrée en fonctions. Dans les autres pays il y a un point de départ légal, une sorte d'hégire présidentielle. C'est, au Chili, le 18 septembre, jour anniversaire de celui où en 1810 les Chiliens renversèrent le Gouvernement colonial, au Venezuela le 20 février, à Haïti le 15 mai, que le Président doit entrer en fonctions. Mais si le point de dép... est fixe, la durée est personnelle, et tout nou-

veau Président a, en principe, sept années de pouvoir.
Deux difficultés peuvent se présenter. Ainsi il peut
se faire que, le 20 février, l'élection du Président ne
soit pas vérifiée ou faite au Venezuela : c'est alors le
président du Conseil de Gouvernement, corps analogue à notre Conseil d'État, qui prend intérimaire-
ment la Présidence de la République. Il peut se faire
qu'à Haïti, où le Président est appelé à faire une
période personnelle, il ait été élu, par suite de mort,
démission, destitution, dans le courant de l'année et
n'ait pas accompli intégralement la durée de son mandat le 15 mai de la dernière année de ses pouvoirs : il
n'en quitte pas moins la Présidence, et son temps se
trouve ainsi abrégé.

Du moment de l'installation, le Président commence   Obligations
à être soumis aux obligations nouvelles, à jouir des   et prérogatives.
prérogatives et à exercer les fonctions de sa charge.

Le Président, en France, n'est soumis à aucune obligation légale. Il habite le palais de l'Élysée. Au Chili,
le Président habite la Moncda, vaste bâtiment qui
abrite aussi tous les ministères. « Entrons, dit un
voyageur, M. Wiener, dans cette vieille demeure aux
murs épais. A la porte, des grenadiers d'une tenue
irréprochable, l'arme au pied. Personne ne vous
demande qui vous êtes, où vous allez, qui vous cher-
chez. A droite, sous le vestibule, le corps de garde, à
gauche un large escalier en pierre conduisant « aux
« appartements et au cabinet de S. Exc. le Président
« de la République »; on pousse une porte battante, on
remet sa carte à un aide de camp, deux minutes après
le chef du pays vous reçoit. » Telle est la simplicité

des mœurs au Chili; le Président y est, il est vrai, soumis à des assujettissements personnels. Ainsi il ne peut, ni pendant ses fonctions, ni dans les deux années qui suivent sa sortie de charge, quitter le territoire chilien sans l'autorisation du Congrès. C'est une disposition qui a sa source comme beaucoup d'autres dans nos constitutions de l'époque révolutionnaire : la constitution de l'an III défendait aux membres du Directoire de sortir du territoire pendant la durée et dans les deux années qui suivaient la cessation de leurs fonctions.

Traitement.   C'est du jour de l'installation que court aussi le traitement du Président.

Le traitement, variable avec les États, reflète, sur une petite échelle d'ailleurs, l'opulence et la grandeur du pays. En France, le traitement du Président de la République figure au budget à la deuxième partie du ministère des Finances sous la rubrique « pouvoirs publics »; il forme les trois chapitres 59, 40 et 41 ainsi libellés au budget de 1901 :

Chapitre 59. — Dotation du Président de la République : 600 000 francs.

Chapitre 40. — Frais de la maison du Président de la République : 500 000 francs.

Chapitre 41. — Frais de voyage, de déplacement et de représentation du Président de la République : 500 000 francs.

Ce chiffre a pour origine la dotation de M. Thiers, fixée à 600 000 francs par l'Assemblée nationale en 1871. On y ajoutait une somme variable à titre de frais

de bureau. Lors de l'élévation du maréchal de Mac-
Mahon à la Présidence de la République, on transforma
les frais de bureau en frais de maison et on en fixa le
montant à 300 000 francs. C'est au budget de 1878 que
fut, pour la première fois, inscrite une nouvelle somme
de 300 000 francs « pour frais de voyage, de déplacement et de représentation du Président de la République ». Cette somme formait le chapitre 36 *bis*. Ce
supplément était si bien justifié que cette allocation
fut maintenue dans les budgets postérieurs. Le Président a en outre la jouissance des palais nationaux.
Néanmoins, M. Carnot, quand il choisit pour résidence d'été le palais de Fontainebleau, tint à faire
autoriser par les Chambres l'occupation de ce châ-
teau, et une loi du 18 juillet 1888, en ouvrant un crédit
de 6 000 francs pour les frais d'installation du Président, vint ratifier cette affectation nouvelle de la résidence favorite de François Ier, de la prison de Pie VII
et du théâtre des adieux de Napoléon.

A Haïti, le Président reçoit 24 000 pesos forts ou
120 000 francs par an, à Saint-Domingue 60 000 francs ;
au Chili, il reçoit 18 000 pesos et, en outre, 12 000 pesos
pour les dépenses nécessaires de sa charge ; d'ailleurs
son traitement, d'après M. Charles Wiener, représente
à peine le cinquième des déboursés auxquels il est
obligé.

Au Venezuela, la constitution de 1893 porte que la
loi fixera le traitement du Président et de celui qui
sera appelé à le remplacer, et que ce traitement ne
pourra être ni augmenté, ni diminué pendant la période pour laquelle il est voté.

Fonctions.　　Le Président de la République ne remplit pas une sinécure ; il a des fonctions de divers ordres : d'ordre législatif, d'ordre diplomatique, d'ordre exécutif.

Le Président de la République, d'ailleurs, n'exerce pas ces fonctions, pour ainsi dire, à titre personnel ; il n'en a que l'extérieur et le côté décoratif. En réalité ce sont les ministres, c'est le chef du Cabinet qui a le pouvoir effectif. La République parlementaire est une pièce dans laquelle le Président tient le premier rôle, mais un rôle que les ministres ont écrit. Sans doute et loin de nous la pensée de le contester, le Président de la République peut, dans tous ces actes, exercer une influence considérable ; mais ce sont les ministres surtout, ce sont même les ministres seuls dont ils engagent la responsabilité politique.

Fonctions législatives.　　L'intervention du chef de l'État peut se produire à trois moments dans la confection de la loi : au moment de la présentation, au moment de la discussion, après l'adoption.

Initiative.　　Au moment de la présentation, cette intervention consiste dans l'exercice du droit d'initiative.

En France, l'initiative des lois appartient concurremment au Président de la République et aux membres du Parlement. Tel est le système suivi à Haïti et à Saint-Domingue.

A Saint-Domingue, la Cour suprême jouit concurremment avec le Pouvoir exécutif et le Conrgès d'un droit d'initiative en matière judiciaire. Au Chili, ce sont les membres du Parlement qui ont l'initiative ; mais le Président de la République — et c'est là une réminiscence de la constitution des États-Unis — peut adresser un message pour proposer une loi. Au Venezuela, nous ne trouvons dans la constitution de 1895 l'attribution au pouvoir exécutif d'aucune initiative en matière législative : l'article 47 porte seulement que les lois et décrets du Congrès peuvent être présentés dans l'une ou l'autre des deux Chambres de la manière prévue par le règlement. Cependant, en matière financière tout au moins, les ministres jouissent d'une certaine initiative puisque l'article 97 suppose que le budget doit être proposé par les ministres.

Le Président de la République peut aussi intervenir dans la discussion des projets de loi. En France il pourrait le faire sans doute par des messages qu'il a le droit d'adresser aux Chambres. On a conservé encore le souvenir de ceux par lesquels le maréchal de Mac-Mahon pressait l'Assemblée nationale de mettre à son ordre du jour les lois organiques du septennat. On se rappelle aussi qu'au cours de la discussion des lois constitutionnelles l'un des ministres, pour faire repousser un amendement interdisant au chef de l'État de commander en personne les armées, annonça à l'Assemblée que le maréchal de Mac-Mahon, alors Président de la République, avait manifesté l'intention de se retirer si cet article qui brisait son épée était adopté. Aujourd'hui une pareille intervention du chef de l'État paraîtrait un peu étrange. Même dans les questions que leur caractère national met en dehors et au-dessus des discussions de parti, ou dans les questions fondamentales de la législation, on ne concevrait guère l'intervention directe du Président. En fait, c'est uniquement par son in-

Discussion.

fluence, influence personnelle que limitent les exigences de la majorité parlementaire sur le choix du premier ministre et de ses collaborateurs, c'est par les inspirations qu'il est à même de donner dans les Conseils tenus sous sa Présidence, qu'il peut manifester ses idées et faire proposer les projets, les amendements qu'il croit nécessaires ou utiles.

Cette coopération des ministres à l'œuvre législative, au moment de la discussion et de la délibération, existe dans toutes les Républiques parlementaires.

Quand la loi est faite, les pouvoirs du Président de la République ont encore lieu de s'exercer.

Promulgation et droit de provoquer une nouvelle délibération.

En France, c'est le Président de la République qui promulgue les lois. Cette promulgation doit avoir lieu dans le mois de l'adoption par la Chambre qui a été saisie la seconde. Ce délai est réduit à trois jours dans le cas — qui ne s'est d'ailleurs, croyons-nous, jamais encore présenté — où les Chambres ont ordonné une promulgation d'urgence par un vote spécial. Dans ce délai de promulgation plein ou réduit, le Président a le droit de demander aux Chambres une nouvelle délibération qui ne peut être refusée. Jamais un pareil renvoi n'a encore été tenté et on ne voit pas bien en effet la possibilité de l'application de cette règle, empruntée à la constitution des États-Unis. En Amérique, les ministres ne pouvant intervenir dans la discussion des projets, on comprend qu'on ait laissé au Président la faculté d'élever la voix avant que le projet devienne définitivement une loi. De plus, la nécessité d'une majorité des deux tiers en faveur

du texte adopté pour qu'on puisse passer outre aux
observations présidentielles permet de ne pas les tenir
pour inutiles. En France, où d'ailleurs aucune majorité spéciale n'est requise, ce droit de contraindre à
une nouvelle délibération est bien délicat. En effet, le
Président a pu faire présenter ses observations par
ses ministres au cours de la discussion, et si l'on n'en
a pas tenu compte avant l'adoption, comment en tien-
drait-on compte après, alors qu'une sorte de point
d'honneur attache à la délibération prise? Et on ne
saurait supposer que les ministres ne fussent pas en
accord avec les Chambres; car, ou le Président les
a choisis dans la majorité de la Chambre qui a
adopté cette mesure, ou, s'il les a choisis dans la minorité, ils ont dû recourir à la dissolution et n'ont pu se
maintenir que si les nouvelles élections leur ont ap-
porté une majorité. On ne voit guère que deux hypo-
thèses où le Président pourrait avoir recours à cette
procédure : c'est le cas où le Président de la République, frappé des inconvénients de la loi, se déciderait
à renvoyer les ministres après le vote final et choi-
sirait le nouveau Cabinet dans les adversaires du
projet; c'est le cas aussi où le Président voudrait faire
effacer dans le projet adopté quelques imperfections
de détail, et peut-être serait-ce un bien gros remède
pour un bien petit mal.

Ce droit d'observation ou d'objection est reconnu
au Président dans toutes les Républiques parlementaires sauf une. Seule la constitution du Venezuela,
cette constitution qui refuse au Gouvernement l'initiative législative, lui refuse aussi le droit de cor-

rection ; à Haïti, à Saint-Domingue, au Chili, le Président, dans les délais de promulgation, huit jours
pour les lois ordinaires, trois jours pour les lois d'urgence, peut renvoyer aux Chambres le projet adopté
avec ses observations ; mais dans les trois pays on
exige pour le rejet des objections une majorité des
deux tiers : autrement dit un tiers de chaque Chambre
peut, en s'unissant au Président, tenir en échec la
majorité de chaque Assemblée. Ajoutons que, sauf
au Chili, ce droit de correction semble être, partout
comme chez nous, resté à l'état de lettre morte.

Fonctions diplomatiques. A côté de ses fonctions législatives le Président a
des fonctions diplomatiques. Ces fonctions sont de
trois ordres.

Droit de légation. La première est la réception et l'envoi des ambassadeurs.

La réception des ambassadeurs appartient naturel-
lement au chef de l'État, et nos lois constitutionnelles
portent expressément que les ambassadeurs étrangers
sont accrédités auprès du Président de la République.
A Saint-Domingue, une disposition formelle attribue
au Président de la République ce que les publicistes
d'antan appelaient le droit de légation passive. Au
Venezuela, le Président est investi de ce droit, mais
ne peut l'exercer qu'après avoir consulté le Conseil de
Gouvernement, par l'avis duquel il n'est d'ailleurs pas
lié.

Partout aussi le Président de la République a le
droit de légation active, la nomination du personnel
diplomatique et consulaire, sans réserve en France, à
Haïti et à Saint-Domingue ; sous la double réserve,

au Venezuela, de le choisir parmi les Venezueliens de naissance et de ne procéder aux nominations que le Conseil de Gouvernement entendu ; au Chili, sous réserve de l'approbation du Sénat, ou, si les Chambres ne sont pas réunies, de la Commission consultative.

La seconde, c'est le droit de paix et de guerre. Le droit de déclarer la guerre, en France, est subordonné à l'assentiment des deux Chambres. On peut objecter, comme le faisait jadis Mirabeau, que cet assentiment qui, en principe, devrait être préalable peut se trouver prévenu. C'est ce qui a eu lieu notamment en 1884, lors des hostilités avec la Chine. Le Gouvernement ne demanda jamais aux Chambres l'autorisation de faire la guerre à la Chine, alléguant à sa décharge, d'une part qu'il ne faisait qu'assurer le respect de traités internationaux antérieurement conclus, d'autre part qu'on était en état de représailles et non pas de guerre. C'est ainsi qu'autrefois M. Guizot déclarait les rives de la Plata en état de blocus pacifique. Les Chambres ratifièrent d'ailleurs cette interprétation en votant les crédits et en repoussant, après la chute du Cabinet (29 mars 1885), la demande de mise en accusation qui avait été déposée par l'extrême gauche. Quelle que soit l'interprétation qu'on adopte, dans le régime parlementaire où les ministres sont toujours sous le coup d'une interpellation et d'un ordre du jour de blâme qui peut les contraindre à la retraite, le concours du Parlement, sous une forme ou sous une autre, est toujours nécessaire pour faire ou soutenir une guerre. Les traités de paix, aux termes des lois

Droit de paix
et
de guerre.

constitutionnelles, sont négociés et ratifiés par le Président de la République, mais ils ne sont définitifs
qu'après avoir été votés par les deux Chambres.

Le système français est suivi dans toutes les Républiques parlementaires. A Saint-Domingue, à Haïti,
au Venezuela, au Chili, c'est au Congrès qu'il appartient de décréter la guerre et au Président de la déclarer. Dans la République haïtienne, la guerre est déclarée par les deux Chambres réunies en Assemblée
nationale, sur le rapport du Pouvoir exécutif.

C'est aux deux Chambres réunies en Assemblée
nationale que sont présentés, à Haïti, les traités de
paix conclus par le Président de la République. A
Saint-Domingue, au Chili, au Venezuela, les traités
de paix doivent être approuvés par le Congrès; au
Chili, le Président peut exiger que les délibérations
soient secrètes.

Ce n'est d'ailleurs qu'à Haïti que les traités de paix
sont soumis à des formes spéciales, celles de la
déclaration de guerre; partout ailleurs les traités de
paix sont assimilés aux conventions diplomatiques en
général ou aux conventions diplomatiques importantes.

Droit de traité.   La troisième fonction du Président de la République est la conclusion des traités. Deux systèmes sont
en vigueur sur ce point dans les Républiques parlementaires : l'un n'exige l'intervention du Parlement
que pour les traités les plus importants; l'autre subor-
donne tous les traités à l'approbation des Chambres.

C'est le premier système que la constitution de 1875
a consacré en France; l'article 8 de la loi du 16 juillet

1875 confère au Président de la République le droit de
négocier et de ratifier les traités. Il en donne connaissance aux Chambres aussitôt que l'intérêt et la sûreté
de l'État le permettent. Mais il est certains traités
particulièrement importants qui ne deviennent définitifs qu'après avoir été votés par les deux Chambres.
Ce sont les traités de paix, de commerce, les traités
qui engagent les finances de l'État, ceux qui sont
relatifs à l'état des personnes et au droit de propriété
des Français à l'étranger. Ce sont enfin les traités
modifiant les limites du territoire. « Nulle cession,
nul échange, nulle adjonction de territoire ne peut
avoir lieu qu'en vertu d'une loi », dit en effet la loi
constitutionnelle, rappelant un principe fondamental
de notre droit public.

Ainsi les autres traités ne devraient pas être soumis
aux Chambres. M. Clunet a soutenu qu'ils devraient
l'être également et que l'énumération n'était qu'énonciative. Mais cette interprétation, contraire au sens
naturel de l'article 8, combattue par M. Louis
Renault, et récemment par M. Louis Michon dans
son livre sur *les Traités internationaux devant les
Chambres*, semble à peu près unanimement repoussée. En fait le Gouvernement soumet d'ordinaire
aux Chambres les traités d'extradition qu'il con-
clut avec les Gouvernements étrangers. Il a soumis également au Parlement le traité du Bardo
conclu le 12 mai 1886 avec le bey de Tunis. En
revanche, il n'a pas soumis à la ratification des
Chambres le traité de Berlin, bien que ce traité inté-
ressât au plus haut degré les intérêts politiques de

l'Europe et eût pour but de consolider la paix générale. Il est vrai que les solutions qu'il consacre avaient
reçu d'avance l'approbation du Parlement, la Chambre des députés ayant, à la suite d'une interpellation
de M. Léon Renault, le 7 juin 1878, voté au ministère
un ordre du jour de confiance.

On a vu en revanche, le 28 novembre 1891, la
Chambre des députés, saisie par le Gouvernement
de l'arrangement conclu le 30 octobre 1890 avec le
Dahomey, déclarer « qu'il n'y avait pas lieu de le ratifier et laisser au Gouvernement le soin de donner à cet
acte la sanction la plus conforme aux intérêts de la
France dans le golfe de Benin ». La Chambre estimait
que ce pacte ne rentrant pas dans la catégorie des
traités assujettis à l'approbation parlementaire, elle
n'avait pas à l'homologuer.

D'ailleurs, ce qui diminue l'importance de ces questions, c'est que le régime parlementaire supposant
toujours l'accord politique du Gouvernement et des
Chambres, l'entente cordiale du Cabinet et du Parlement, il est évident que les Chambres ratifient taci-
tement les traités qu'elles ne sont pas appelées à
sanctionner. « En vérité, disait M. Ribot, alors ministre des Affaires étrangères, à la Chambre des
députés, le 28 novembre 1891, à propos du traité
avec le Dahomey, cette discussion sur le point de
savoir sur qui pèsera la responsabilité est absolument
oiseuse. Le Gouvernement ne se sépare pas dans
l'espèce de la Chambre : il n'est pas question de se
rejeter en quelque sorte les uns sur les autres les
responsabilités. Le Gouvernement agit sous le con-

trôle des Chambres.... Lorsque les Chambres ne le
blâment pas, il agit sous leur responsabilité morale en
même temps que sous la sienne propre dans l'intérêt
de la France. »

La France est le seul pays où le Président de la
République soit investi du pouvoir de ratifier certains traités sans les avoir soumis à l'approbation du
Parlement. Au Venezuela, au Chili, à Saint-Domingue, à Haïti, tous les traités sont soumis à l'approbation du Parlement, et si la constitution venezuelienne
emploie seule la formule générale absolue, « tous les
traités », les autres constitutions qui mentionnent les
traités d'alliance, d'amitié, de commerce, de neutra-
lité, de paix, de trêve, les concordats, ont soin d'indiquer en ajoutant « et autres conventions internatio-
nales », que cette énumération n'est qu'énonciative.
Au Chili, les délibérations et discussions sur les
traités sont secrètes si le Président de la République
l'exige. A Haïti, nous l'avons vu, les traités de paix
sont discutés par les deux Chambres réunies en
Assemblée nationale.

Le Président a enfin des fonctions d'ordre exécutif.

Fonctions exécutives.

La constitution française donne une énumération
de ces fonctions : elle indique que le Président
surveille l'exécution des lois, nomme aux emplois,
dispose de la force armée. Il peut faire grâce, mais
l'amnistie, qui non seulement remet la peine mais
abolit la condamnation, ne peut être accordée que par
une loi. Les actes du Président doivent toujours être
contresignés par un ministre. Il n'est soumis en principe à aucune restriction pour ce droit de nomination.

La nomination des conseillers d'État doit être faite en Conseil des ministres, comme c'est en Conseil des ministres que doit être, en vertu de la loi du 22 juin 1886, rendu le décret qui interdit le territoire français à des membres, autres que les héritiers directs, des familles ayant régné sur la France. Nous avons eu occasion de rappeler que le Président pourrait diriger en personne des opérations militaires.

Les autres constitutions donnent des énumérations analogues qu'il serait fastidieux de reproduire. Mais quelques constitutions présentent des particularités qu'il n'est pas sans intérêt de relever. Ainsi, à Haïti, le Président de la République est investi du droit d'amnistie. A Saint-Domingue, il peut accorder des amnisties particulières pour motifs politiques, mais les amnisties générales ne peuvent être accordées que par une loi. En France, le Président de la République, sauf des exceptions extrêmement rares, exerce sa prérogative librement, sans être tenu de prendre conseil de personne. Au Venezuela, on distingue soigneusement trois sortes d'actes : les actes que le Président fait seul sans contrôle ni assistance, c'est-à-dire sans autre concours que celui du ministre compétent, telles sont la mise à exécution des lois, les nominations des ministres, la réception des ambassadeurs; les actes pour lesquels il doit demander au Conseil de Gouvernement, sorte de Conseil d'État, un avis qu'il n'est d'ailleurs pas tenu de suivre, telles sont les mesures en vue de préserver d'une attaque extérieure, la convocation du Congrès en session extraordinaire, la nomination du personnel diploma-

tique toujours choisi parmi les Venezueliens de naissance, la déclaration de la guerre que le Congrès a
décrétée; enfin les actes qu'il n'est libre de faire
qu'avec l'approbation du Conseil de Gouvernement,
tels sont l'emploi de la force publique pour le réta-
blissement de l'ordre, l'emploi de la force armée pour
mettre fin aux conflits entre les États, la conclusion
dans l'intérêt de l'État de contrats qui devront être
soumis au Congrès, l'interdiction du pays aux étrangers dangereux ou leur expulsion du territoire.

Au Chili, le droit du Président est encore plus
limité : il n'a le droit de choisir les magistrats que sur
des listes de candidatures présentées par le Conseil
d'État. Pour les dignités et prébendes des églises
cathédrales, c'est le Sénat qui lui présente les candidats, et si le Président nomme les archevêques et
évêques, ces nominations doivent être approuvées
par le Sénat. Enfin, en vertu d'une modification à la
constitution devenue définitive en 1895, les nominations aux postes diplomatiques doivent être confir-
mées par le Sénat. Cette ingérence d'une Assemblée
dans les nominations faites par le pouvoir exécutif est un emprunt manifeste à la constitution des
États-Unis. Mais cadre-t-elle bien avec le régime parlementaire en vigueur à Santiago? Qu'arriverait-il, en
effet, si la Chambre des députés blâmait par un ordre
du jour une nomination qui a été confirmée par le
Sénat? Dans le régime parlementaire la ratification
est superflue parce que, en vertu de la responsabilité perpétuelle des ministres, il n'est pas un acte
dont on ne puisse leur demander compte, pas une

nomination qui ne puisse fournir matière à interpellation.

Il en est d'ailleurs ainsi de toutes les précautions venezueliennes : elles vont contre leur but. Elles atténuent en réalité la responsabilité des ministres en la faisant partager à des corps dans lesquels elle fond et s'évanouit.

Ajoutons qu'au Chili, au Venezuela, si le Président de la République prend le commandement de l'armée ou s'absente du district fédéral, il est remplacé par un suppléant.

Droit de dissolution. Enfin, dans la constitution française, le Président est investi d'un droit que nous ne rencontrons dans aucune autre constitution de République parlementaire, le droit de dissoudre et d'ajourner le Parlement. Le Président de la République peut dissoudre la Chambre des députés, de l'avis conforme du Sénat : mais dans ce cas, il doit convoquer les collèges électoraux dans les deux mois et les Chambres dans les dix jours de la clôture des opérations électorales : ces dernières règles ont été ajoutées par la loi du 14 août 1884, à la suite des abus qui avaient eu lieu durant la période du Seize-Mai : le ministère d'alors, en effet, s'il avait rendu le décret de convocation des électeurs dans le délai de trois mois qui lui était alors imparti, ne les avait convoqués que pour une date postérieure de plus de trois mois à la dissolution. Le Président de la République peut aussi ajourner les Chambres, mais pour un terme n'excédant pas un mois, et pas plus de deux fois dans la même session.

À côté de ces pouvoirs normaux, le Président Élat de siège.
en a d'autres et est investi de pouvoirs extraordinaires : il peut, en effet, se présenter des circonstances où il faille suspendre l'application des lois.
Toutes les constitutions ont prévu cette hypothèse
et paré aux éventualités.

En France, on a donné le nom d'état de siège à l'ensemble de ces mesures exceptionnelles destinées à
faire face à une situation menaçante. Aux termes de la
loi du 5-4 avril 1878, l'état de siège ne peut être
déclaré qu'en cas d'invasion étrangère ou d'insurrection à main armée, et seulement par une loi.
Mais, si les Chambres ne sont pas réunies, le Président de la République a le droit de déclarer l'état
de siège sur l'avis conforme du Conseil des ministres. Deux jours après, les Chambres se réunissent
de plein droit et décident s'il doit être maintenu.
En cas de désaccord entre elles, l'état de siège est
levé. S'il y a dissolution de la Chambre des députés,
le Président ne peut, sauf le cas d'invasion étrangère, proclamer l'état de siège. Même en cas d'invasion étrangère il ne le peut qu'à la condition de
convoquer les collèges électoraux. L'effet de l'état de
siège est, comme le décide la loi du 9 août 1818
encore en vigueur, de faire passer à l'autorité militaire
tous les pouvoirs de l'autorité civile, de permettre
d'éloigner les repris de justice et les individus qui
n'ont pas leur domicile dans les lieux soumis à l'état
de siège, de faire des perquisitions, d'exiger la remise
des armes et d'interdire toute publication ou réunion
jugée de nature à exciter des troubles.

Un régime spécial analogue à l'état de siège existe dans les quatre autres Républiques parlementaires.

A Haïti, bien que, en vertu de l'article 195 de la constitution, celle-ci ne puisse être suspendue en tout ou en partie dans aucune fraction du territoire, l'article 190 autorise la déclaration d'état de siège dont la législation règle les effets. Cette déclaration ne peut être faite qu'en cas de troubles civils ou d'invasion imminente de la part d'une force étrangère. L'acte du Président qui déclare l'état de siège doit être signé de tous les secrétaires d'État et le pouvoir exécutif en rend compte au Congrès dès l'ouverture de la session.

A Saint-Domingue, c'est le Congrès qui décrète l'état de siège et suspend les garanties constitutionnelles ; le Président ne peut le proclamer, en l'absence du Congrès, que s'il y a révolte à main armée, et pour un temps déterminé ; il peut aussi transporter le siège du Gouvernement sur tel point du territoire qu'il jugera convenable. Il doit d'ailleurs rendre compte par voie de message au Congrès, lors de sa réunion, de ces mesures tout à fait exceptionnelles.

Au Venezuela, le Président est, comme à Saint-Domingue, investi d'un droit de translation, et c'est à lui qu'il appartient de déterminer, au besoin, les localités où les pouvoirs publics devront être transférés. Mais le droit ne lui appartient qu'en cas de guerre étrangère : c'est aussi seulement en cas de guerre étrangère que le Président peut « suspendre les droits dont le maintien est incompatible avec la défense de la République » ; encore ne peut-il toucher au droit à l'inviolabilité de la vie, le premier des droits reconnus aux Venezueliens par la constitution de 1895; autrement dit, il ne peut rétablir la peine de mort. D'ailleurs le droit de translation et le droit de suspendre les garanties constitutionnelles ne peuvent être exercés par le Président des États-Unis de Venezuela qu'après qu'il a pris l'avis du Conseil de Gouvernement, avis qui doit l'éclairer mais ne suffit pas à le lier.

Au Chili, l'état de siège ne peut être déclaré que pour un temps déterminé : il est déclaré en cas de péril extérieur par le Président de la République avec le consentement du Conseil d'État, en cas de commotion intérieure par le Congrès s'il est réuni, par le Président de la République si le Congrès ne siège pas; encore si l'état de siège n'est pas terminé au moment de la réunion du Congrès, un projet de loi doit être présenté au Congrès pour le confirmer.

Telles sont les fonctions du Président, mais il ne faut jamais oublier, quand il s'agit des Républiques parlementaires, que toutes ses fonctions sont en grande partie honorifiques. Tous ses actes en effet, qu'il s'agisse de la plus modeste promotion ou de la déclaration de l'état de siège, sorte de suspension de l'*habeas corpus*, tous ses actes sont contresignés par un ministre qui en partage l'honneur ou la peine, ou plutôt qui seul en porte la responsabilité.

Le Président, on le voit, ne saurait donc point être responsable en principe des actes qu'il a signés, et cependant la signature qu'il a donnée l'associe à la mesure prise. Aussi le départ entre sa responsabilité et celle de ses auxiliaires est-il assez malaisé. La vérité

Responsabilité.

est que, dans les Républiques parlementaires, la responsabilité du Président, toujours couvert par des ministres responsables, est extrêmement restreinte.

Nulle constitution ne la borne dans de plus étroites limites que nos lois constitutionnelles de 1875. Le Président de la République n'est responsable qu'en cas de haute trahison.

Au Chili, le Président peut être poursuivi pour « tous les actes de son administration dans lesquels il a compromis gravement l'honneur ou la sécurité de l'État ou enfreint ouvertement la constitution. » A Saint-Domingue, la constitution parle vaguement de la responsabilité du Président et des actions en responsabilité qui peuvent être dirigées contre lui devant la Cour suprême. La constitution haïtienne déclare que la Chambre des communes peut mettre en accusation le Président pour abus de pouvoir, trahison ou autres crimes. La constitution vénézuélienne a donné une énumération plus large qui se résout en une confusion : « le Président des États-Unis de Venezuela est responsable, porte l'article 75 de la constitution de 1895, en cas de trahison envers la patrie, d'infraction à la présente constitution ou aux lois, et de délits de droit commun. » Les constituants de Caracas ont confondu ici la responsabilité politique du magistrat, trahison ou infraction à la constitution, et la responsabilité personnelle de l'homme. Il est certain que si le chef de l'État, par imprudence personnelle, blessait quelque passant ou contrevenait à un règlement, il serait, en dépit de son irresponsabilité présidentielle, appelé devant la juridiction cor-

rectionnelle pour blessures par imprudence, ou devant
le tribunal de simple police pour contravention, et
que son irresponsabilité politique ne saurait effacer
sa culpabilité privée.

C'est souvent une simple destitution qui est la sanction légale de la responsabilité politique. Cependant
ce n'est pas sous la forme d'une destitution solennelle,
judiciairement prononcée, que le Président qui a
tyrannisé le pays subit en général la peine de son
despotisme. On trouverait bien peu d'exemples — en
rencontrerait-on même un dans l'histoire si agitée
des républiques hispano-américaines? — de dé-
chéances par arrêt. Une révolution brutale prévient
toujours la justice trop lente et trop formaliste
des Chambres hautes et des Hautes Cours. On sait
qu'au Chili Balmaceda se suicida après sa défaite,
et n'eut point à rendre compte de sa dictature devant
un tribunal parlementaire. Et lorsque, à Haïti, vaincu
par le général Saget, Salnave fut fait prisonnier, ce
fut une Commission militaire qui le condamna à mort
(15 janvier 1870).

Heureusement il est des sorties de charge plus ré-
gulières, et si la destitution, si la révolution met fin
trop souvent aux fonctions présidentielles, souvent
aussi le Président arrive normalement, par le cours
du temps, au terme de son mandat. Ce mandat a une
durée variable suivant les pays. Elle est de sept ans
en France. On n'ignore pas que la durée du mandat
présidentiel fut fixée en France avant que la République eût reçu sa constitution et au lendemain
de l'insuccès de la tentative de restauration monar-

Durée
des pouvoirs.

chique, par une loi des 20-25 novembre 1875 qui pro-
rogeait en faveur du maréchal de Mac-Mahon, pour
sept ans, les pouvoirs de Président de la République.
C'est ce septennat qui fut le berceau de la République.
Un seul des États qui nous occupent, Haïti, a adopté
une durée aussi longue pour les pouvoirs du chef de
l'État. Cette durée est de cinq ans au Chili, quatre ans
à Saint-Domingue et au Venezuela.

Rééligibilité.

En France, le Président est immédiatement rééligible, et l'on se rappelle que le premier Président
nommé après la mise à exécution de la constitution,
M. Jules Grévy, fut réélu à l'expiration de son mandat,
en janvier 1886. Ce fut volontairement, par une démission, qu'il y mit fin deux ans après (1er décembre 1887),
dans des circonstances que nous n'avons pas besoin
de rappeler. A Saint-Domingue, d'après la constitution de 1896, le Président est immédiatement rééligible.
Au Chili, le Président de la République fut immédiatement rééligible jusqu'en 1870, et de 1851 à 1871 tous
les Présidents furent réélus à l'expiration de leurs
pouvoirs et exercèrent donc les fonctions présidentielles pendant dix ans au lieu de cinq. En 1870, une
réforme constitutionnelle établit la non-rééligibilité
immédiate du Président de la République; il doit,
avant de se représenter, attendre l'expiration d'une période présidentielle. Cette règle est aussi en vigueur au
Venezuela et à Haïti. Chose piquante, le Chili, qui
réélisait toujours ses Présidents à l'expiration de leurs
fonctions, n'a pas cherché à faire reparaître les anciens Présidents après leur éclipse légale, et aucun des
Présidents n'a eu son prédécesseur comme successeur.

En revanche, il y a en quelque sorte des familles
qui, à diverses générations, fournissent les premiers
magistrats : ainsi les deux derniers Présidents du
Chili appartenaient à ce qu'on pourrait appeler ces
dynasties électives. Montt, le successeur de Balmaceda (1895-1896), portait le même nom que le Président qui gouverna le Chili de 1831 à 1841, et Errazuriz,
qui le remplaça (1896-1901), était le fils du premier
Président non rééligible qui occupa le pouvoir de 1871
à 1875.

Les Présidents étant des hommes et soumis à tous   Suppléance
les accidents de la nature humaine, la plupart des
constitutions, plus prévoyantes que les lois françaises,
qui sont muettes sur ce point, ont pourvu aux inter-
ruptions et aux suspensions qui pourraient se produire
au cours de leurs fonctions.

Au Chili, dans tous les cas où le Président est momentanément empêché, notamment parce qu'il com-
mande les troupes, c'est le ministre de l'Intérieur qui
exerce temporairement le pouvoir avec le titre de Vice-
Président. A Haïti, c'est le Conseil des secrétaires
d'État qui supplée le Président de la République temporairement empêché; à Saint-Domingue, bien que la
constitution ne vise pas l'impossibilité temporaire, la
suppléance semble appartenir au Vice-Président ou à
son défaut au Conseil des ministres. Au Venezuela,
c'est le président du Conseil de Gouvernement qui
supplée le Président de la République, lorsque celui-ci
prend le commandement des troupes ou s'absente du
district fédéral. C'est encore le président du Conseil
de Gouvernement qui prend le pouvoir lorsque le Pré-

sident en fonctions est arrivé au terme de ses quatre
années, et que son successeur n'est pas encore installé.

Remplacement.   Il peut se faire que ce ne soit pas un intérim à
remplir, mais un remplacement à opérer par suite
de la mort, de la démission ou de la destitution du Président. Deux systèmes se conçoivent : ou l'on procède
à de nouvelles élections, ou un suppléant prédésigné
remplace le défaillant.

En France, on procède à de nouvelles élections.
L'institution auprès du Président d'un coadjuteur avec
succession éventuelle a paru dangereuse ou superflue :
dangereuse par les courants divers d'opinion qui
pourraient s'établir à la Présidence et à la Vice-Prési-
dence, superflue parce qu'en France le mandat étant
personnel il n'y avait pas d'inconvénient à procéder,
fût-ce à la veille de l'expiration du mandat du Président
sortant, à l'élection d'un nouveau Président, l'élu
devant toujours avoir sept ans à accomplir. En cas de
vacance soudaine du pouvoir par démission ou mort,
les deux Chambres se réunissent immédiatement en
Assemblée nationale et procèdent aussitôt à l'élection.
Pendant la durée de la vacance du pouvoir, c'est
le Conseil des ministres qui est investi du pouvoir
exécutif. Si cette vacance se produit pendant que la
Chambre est dissoute, les collèges électoraux sont
aussitôt convoqués et le Sénat est réuni de plein droit.
On peut remarquer que si, en l'absence de toute dissolution, la vacance se produit à la fin normale d'une
législature, alors que la Chambre nouvelle est déjà
élue, mais que les pouvoirs de la Chambre ancienne
ne sont pas expirés, c'est l'ancienne et non la nouvelle

Chambre qui doit constituer, avec le Sénat, l'Assemblée nationale, et procéder à l'élection du Président.

La plupart des Républiques parlementaires ont adopté le même système que la France, et dans les cas de vacance du pouvoir font procéder à de nouvelles élections. Au Chili, en pareille rencontre, « quand l'empêchement est absolu ou doit durer indéfiniment, ou doit se prolonger au delà du terme de la Présidence », le ministre de l'Intérieur prend la direction du gouvernement avec le titre de Vice-Président et fait dans les dix jours procéder à de nouvelles élections. A Haïti, l'intérim est confié aux secrétaires d'État réunis en Conseil ; de nouvelles élections ont lieu aussitôt, et le nouvel élu a une période de sept ans à accomplir. Cependant, comme le commencement de l'archontat présidentiel est fixé constitutionnellement au 15 mai, le nouvel élu doit déposer le pouvoir le 15 mai de la septième année de Présidence, bien qu'il n'ait pas encore accompli ses sept ans entiers.

Au Venezuela, on a recours à un système mixte : ou la vacance absolue, pour employer l'expression de la constitution vénézuélienne, se produit dans les deux dernières années de la période présidentielle, et alors elle est considérée comme un intérim temporaire qui est rempli par le président du Conseil de Gouvernement ; ou elle se produit dans les deux premières années, et alors le président du Conseil de Gouvernement ne prend les fonctions de Président de la République que pour faire procéder à de nouvelles élections. L'élu d'ailleurs n'est appelé qu'à finir la période de son prédécesseur.

Un seul État, la République dominicaine, a établi un suppléant spécial du Président de la République. En « Dominicanie », pour employer l'expression des modernes géographes, un Vice-Président, élu en même temps et aux mêmes conditions que le Président de la République, remplit les fonctions de chef de l'État en cas de mort, démission ou destitution du titulaire. S'il vient à manquer lui-même, le pouvoir exécutif passe au Conseil des ministres, qui doit convoquer les électeurs dans les quarante-huit heures.

Mesures en cas de violences. La législation d'un seul pays a prévu le cas où des événements graves, l'insurrection, le coup d'État, pourraient venir interrompre ou suspendre l'application normale de la constitution : c'est la législation française.

En effet, une loi spéciale du 15 février 1872 a prévu et réglé l'hypothèse où les Chambres seraient dissoutes et les pouvoirs publics usurpés. En ce cas, les membres du Gouvernement qui ont pu échapper aux violences se réunissent dans un lieu sûr. Là viennent se grouper autour d'eux les membres du Parlement qui peuvent les rejoindre. Les conseils généraux se réunissent alors, soit au chef-lieu du département, soit en tout autre lieu, si leur sécurité l'exige, et élisent deux délégués par département. Ces délégués réunis aux députés forment une Assemblée « chargée de prendre pour toute la France les mesures urgentes que nécessite le maintien de l'ordre, spécialement celles qui ont pour objet de rendre aux Assemblées législatives la plénitude de leur indépendance et de l'exercice de leur droit. Elle pourvoit

provisoirement à l'administration générale du pays. »
Cette Assemblée se dissout de plein droit dès que les
pouvoirs réguliers sont rétablis. Nous devons ajouter
que certains publicistes considèrent cette loi comme
une loi de circonstance que l'adoption des lois constitutionnelles de 1875 aurait abrogée et qui serait
inconciliable avec la dualité des Chambres.

Telle est l'organisation donnée par les différentes
constitutions à la Présidence de la République. Mais
quelque important que puisse être le rôle de cette per-
sonnification du pays, de cette incarnation de toute
la nation, qui est l'arbitre suprême des partis et
représente la stabilité de la patrie au milieu des varia-
bles mouvements de la politique, le vrai moteur du
régime, c'est le ministère ; c'est lui qui sert de lien
entre l'exécutif et le législatif; c'est lui qui rattache
les Chambres au Gouvernement.

II

LE CABINET ET LES MINISTRES

République
et régime
parlementaire.

La conception du ministère responsable, du gouvernement de Cabinet, du régime parlementaire en un mot, a eu pour origine le désir de permettre à l'opinion publique de diriger les affaires sans chasser une dynastie royale à laquelle l'habitude, la tradition, des souvenirs glorieux pouvaient attacher. Le duc Albert de Broglie a soutenu, contrairement, ce semble, aux théories de son père, qu'elle ne saurait trouver place dans une République où le chef de l'État est choisi librement et où la confiance lui est personnellement témoignée par l'élection dont il est sorti.

Néanmoins cette organisation se justifie par de fortes raisons et se comprend aussi bien sous le régime républicain que sous le régime monarchique. Par suite des circonstances dans lesquelles s'est produit l'avènement de la troisième République en France, on peut dire que nous avons vécu, de 1871 à 1875, surtout de 1871 à 1873, sous un régime où le chef de l'État n'était guère qu'un président du Conseil soumis à la majorité parlementaire. La loi du 15-19 mars 1873 qui établissait une sorte de responsabilité ministérielle pour les actes de chaque ministre n'en recon-

naissait pas moins que le Président était responsable
de la politique générale et l'autorisait sous certaines
restrictions à venir défendre cette politique dans
l'assemblée. On se rappelle que le Président ainsi
découvert était sans cesse sur le point de se retirer, et, en outre des crises ministérielles, on avait
des menaces constantes de crises présidentielles.
Cette expérience suffit à justifier la juxtaposition
du régime parlementaire au principe électif de la
République, et le souvenir des menaces de démission
de M. Thiers n'a sans doute pas été étranger à l'extrême limitation des cas de responsabilité présidentielle.

C'est en effet la France qui offre le type le plus
complet de cette forme de gouvernement, et la formule
employée par la loi constitutionnelle est la formule
même, on peut le dire, du régime parlementaire :
« les ministres, lit-on dans l'article 4 de la loi du
25 février 1875 sur l'organisation des pouvoirs publics, sont solidairement responsables devant les
Chambres de la politique générale du Gouvernement
et individuellement de leurs actes personnels. Le
Président de la République n'est responsable qu'en
cas de haute trahison. » C'est donc le régime parlementaire avec un Président à temps au lieu d'un Monarque
héréditaire. C'est, comme le signalait naguère M. Lefebvre, l'idée la plus originale du célèbre livre de
Prévost-Paradol, *la France nouvelle*, et aussi, comme
l'indique M. Esmein, la conception du duc Victor
de Broglie dans ses *Vues sur le gouvernement de la
France* qui se trouve réalisée. Par suite, comme

l'ajoute M. Lefebvre, « des usages observés d'une manière constante et des discussions souvent agitées de
1814 à 1818 forment nos véritables précédents sur la
matière ». Il a existé et il existe deux conceptions du
rôle des ministères dans le Gouvernement parlementaire : l'une considère le ministère comme un ressort
en quelque sorte autonome, qui, une fois qu'il est
monté, se déroule sans intervention du chef de
l'État ; c'est la conception de Benjamin Constant et
de Prévost-Paradol ; le chef de l'État est alors réduit
à l'état intermittent. C'est en quelque sorte un commissaire aux crises qui n'entre en activité et n'exerce
d'influence que dans les interrègnes ministériels
pour retomber dans le néant dès qu'un nouveau
cabinet est constitué. D'après M. Guizot, le Cabinet
n'a pas cette indépendance : « représenter le Roi dans
la salle où siège le Parlement, et les Chambres dans le
cabinet du Roi pour amener ces pouvoirs à une pensée
et à une conduite communes », voilà sa mission. Ces
deux conceptions, on le voit, ne sont guère distinguées
que par des nuances, et l'application du régime parlementaire est surtout une question de tact et de circonstance. Le message du 15 décembre 1877, qui mettait
fin à la période agitée du 16 mai, peut être considéré
comme offrant le résumé net et clair de l'esprit de la
constitution : « la constitution de 1875, dit le maréchal, a fondé une République parlementaire en établissant mon irresponsabilité, tandis qu'elle a institué la
responsabilité solidaire et individuelle des ministres.
Ainsi sont déterminés nos devoirs et nos droits respectifs ; l'indépendance des ministres est la condition de

leur responsabilité. » Ce sont les mêmes principes
que proclame M. Jules Grévy après son élévation à
la Présidence dans son message du 6 février 1879 :
« soumis avec sincérité, disait-il, à la grande loi du
régime parlementaire, je n'entrerai jamais en lutte
avec la volonté nationale exprimée par ses organes
constitutionnels ».

C'est en général sur un vote hostile du Parlement,
qu'un Cabinet se retire. Ce vote peut se produire à
n'importe quel propos, refus de crédit, comme le rejet
des allocations pour l'occupation de l'Égypte qui déter-
mina la retraite du Cabinet Freycinet, le 29 juillet 1882,
et la retraite du Cabinet Ferry après les échecs de
Lang-Son, le 30 mars 1885; interpellation et vote
d'un ordre du jour hostile comme celui qui déter-
mina la première retraite du Cabinet Rouvier, le 19 novembre 1887.

L'interpellation est en général le bélier qui ébranle
et renverse les Cabinets. « Le droit d'interpellation,
écrivait Jules Simon, est un engin de guerre plus
redoutable dans son genre que le canon Krupp et
la mitrailleuse Turpin, » surtout lorsqu'il se com-
bine avec les perfidies des ordres du jour ou des additions aux ordres du jour, surtout lorsque à la moindre
résistance on voit les ministres jeter en quelque sorte
leurs portefeuilles à la tête du Parlement. Jules
Simon rapporte un mot fort juste de Guizot. « Il y a,
disait l'ancien « Premier » de Louis-Philippe, un art
de sortir que vous ne connaissez plus : vous vous en
allez à tout propos. On se sépare quoiqu'on soit d'accord. La vraie politique est de ne se séparer que sur

des dissentiments sérieux. » Les observations de Jules
Simon remontent à 1894; peut-être pourra-t-on remarquer que les ministres ont fait depuis quelques
progrès dans l'art de ménager leurs sorties.

Enfin de simples événements extra-parlementaires,
l'échec du président du Conseil aux élections, comme
l'échec de M. Buffet à Mirecourt en 1876, ou même le
mécontentement du chef de l'État, comme on le vit
au 16 mai, peuvent entraîner une dislocation ou une
démission du Cabinet.

En général, quand le Cabinet tombe devant un vote
hostile du Parlement, c'est dans la Chambre basse,
dans la Chambre populaire, que se produit la manifestation qui détermine sa chute. Néanmoins il en peut
être autrement. Ce fut devant le vote par le Sénat d'un
ordre du jour motivé à propos des relations commer-
ciales avec la Turquie que le cabinet Tirard se retira
le 14 mars 1890. C'est aussi sur des votes répétés du
Sénat déclarant, le 3 avril 1896, qu'il ne pouvait accorder sa confiance au Gouvernement, et, le 21 avril, qu'il
« ajournait le vote des crédits jusqu'à ce qu'il eût
devant lui un ministère constitutionnel ayant la confiance des deux Chambres, » que le ministère Bourgeois se retira. On discuta à ce moment et avec une
ardeur extrême le point de savoir si le Sénat avait le
droit de renverser un ministère. M. Léon Bourgeois
eut le patriotisme de ne pas vouloir prolonger le conflit. Il annonça à la Chambre des députés que, lui et
ses collaborateurs se retiraient, tout en réservant la
question de droit. On ne saurait citer qu'un exemple
où un Cabinet ait attendu une défaite dans chacune

des deux Chambres pour remettre sa démission ; c'est celui du ministère Dufaure. Battu le 3 novembre 1876 à la Chambre des députés par l'adoption d'un projet de loi mettant fin aux poursuites relatives à l'insurrection du 18 mars, il ne remit sa démission que le 5 novembre suivant, après le rejet, par le Sénat, d'un amendement transactionnel présenté par M. Bertauld.

Tel est en ses grandes lignes le rôle politique que, dans notre organisation, le Cabinet est appelé à jouer. Pour remplir les fonctions que la constitution assigne aux ministres, elle leur donne l'entrée dans les deux Chambres quand même ils n'en seraient pas membres. Ils peuvent, en effet, ne pas appartenir aux Assemblées, et, dans des Cabinets nettement parlementaires, on a vu non seulement les ministères spéciaux, mais encore des ministères essentiellement politiques confiés à des hommes pris en dehors du Parlement. C'est ainsi que, le 11 décembre 1886, M. Flourens, alors président de section au Conseil d'État, fut appelé aux fonctions de ministre des Affaires étrangères. Depuis, un autre ministre, M. Hanotaux, pris en dehors du Parlement, a été, à deux reprises, chargé de diriger nos relations extérieures. Enfin les ministres peuvent, pour les discussions des projets de loi, se faire assister par des commissaires désignés par décret.

Nous avons insisté sur la France parce que c'est là que le régime parlementaire combiné avec les institutions démocratiques s'est particulièrement développé. Il convient de remarquer qu'à part le ministère du Seize-Mai, pris ouvertement dans la minorité de la

Prérogatives des ministres.

Régime parlementaire en France.

Chambre basse, les Cabinets appartiennent tous à des fractions de la même opinion, l'opinion républicaine, ou, plus exactement, ont des comités où les divers groupes dominants modérés ou radicaux comptent chacun des représentants. Ce sont, pour la plupart, des ministères de concentration républicaine. A ce point de vue nous sommes à peu près dans la situation où était la Belgique dans les premières années qui suivirent la proclamation de son indépendance, alors qu'un ministère renfermait à la fois dans son sein les protagonistes de l'opinion catholique et les coryphées de l'opinion libérale.

Régime parlementaire au Chili.

Ce sont les mêmes principes qui sont appliqués dans les autres pays parlementaires. Celui dont les usages se rapprochent le plus des usages français est certainement le Chili. Au Chili, comme en France, les ministres ont entrée dans les deux Chambres. Ils peuvent être députés ou sénateurs. Le chef du Cabinet est le ministre de l'Intérieur. Les ministres tombent devant un vote hostile des Chambres. Aux termes de l'article 78 de la constitution, chaque ministre est responsable personnellement des actes qu'il contresigne, solidairement des actes qu'il signe ou délibère avec les autres ministres.

Crise parlementaire du Chili 1890-1891.

Pendant cinquante-six ans le Chili pratiqua scrupuleusement le régime parlementaire. Mais en 1889, à la suite d'un vote qui avait mis le Cabinet en minorité, le Président Balmaceda, qui d'ailleurs s'était fait le promoteur d'un projet de revision constitutionnelle, substituant le système des États-Unis, l'indépendance des ministres vis à vis des Assemblées, au système de

la responsabilité parlementaire du Cabinet, préten-
dit maintenir le ministère qui n'avait pas la confiance
des Chambres; les ministres s'abstinrent de paraître
au Congrès et ne communiquèrent plus avec lui que
par écrit. C'était le régime représentatif de la constitution américaine substitué au régime parlementaire,
et la réforme que le Président préconisait accomplie
sans revision. Or c'était non seulement altérer l'esprit, mais même violer le texte de la constitution, qui
porte que les ministres prennent part aux débats parlementaires, ce qui implique leur présence au sein du
Congrès. Aussi le Congrès refusa-t-il de voter le budget. Le 1er janvier 1891, Balmaceda annonça qu'il
gouvernerait sans budget. Le 7 janvier, la flotte,
sous les ordres du capitaine de vaisseau Montt, quitta
Valparaiso et se retira à Iquique; en même temps le
Congrès lançait une proclamation annonçant la destitution du Président, et une junte composée de membres du Congrès se réunissait à Iquique; pendant ce
temps Balmaceda gouvernait avec une Assemblée
formée des membres du Congrès appartenant à son
parti et élaborait une revision radicale de la constitution. Mais l'armée du Congrès marchait sur Valparaiso. Le 28 août, les troupes présidentielles es-
suyaient une défaite complète. Montt entrait le 29 à
Valparaiso et Balmaceda se suicidait. La constitution
de 1833 fut remise en vigueur, et les amendements
votés avant la crise ratifiés : notamment le Président
fut astreint à faire confirmer par le Sénat les nominations diplomatiques, ce qui, chose singulière,
était précisément un emprunt à la constitution

américaine que Balmaceda avait voulu importer à Santiago.

Six ans plus tard, à Haïti, une crise analogue éclatait. A Haïti les fonctions de ministres sont incompatibles avec celles de sénateurs ou de députés; mais les ministres ont entrée dans les deux Chambres : les Chambres peuvent requérir leur présence et les interpeller. Interpellés, ils sont tenus de s'expliquer et leur seul droit est de réclamer le huis clos si les explications peuvent être compromettantes pour l'intérêt de l'État. Les secrétaires d'État — c'est le nom que portent les ministres à Haïti — sont respectivement responsables tant des actes du Président qu'ils contresignent que de ceux de leur département ainsi que de l'inexécution des lois, et dans aucun cas l'ordre verbal ou écrit du Président ne peut soustraire un secrétaire d'État à la responsabilité. Bien plus, toutes les mesures que prend le Président d'Haïti doivent être préalablement délibérées en Conseil des secrétaires d'État; le Président n'est pas responsable des abus de pouvoir et autres illégalités qui se commettent dans une des branches de l'administration relevant d'un secrétaire d'État en fonction et que celui-ci n'aurait pas réprimés. Enfin tout acte du Président doit être contresigné par un secrétaire d'État « qui s'en rend responsable avec lui ». Par une disposition unique, croyons-nous, dans les constitutions en vigueur, et dont la pensée première se trouve dans *la France nouvelle*, déjà citée, de Prévost-Paradol, l'arrêté portant nomination ou révocation d'un ministre est dispensé du contreseing.

A Haïti, on avait toujours considéré les ministres
comme relevant du Parlement, et ils donnaient leur
démission toutes les fois qu'ils étaient mis en minorité. Cependant, en 1897, au début de la session, la
Chambre des communes, à la suite d'une interpellation, vota l'ordre du jour suivant : « La Chambre,
non satisfaite des explications fournies par le Cabinet
sur les frais d'installation que les ministres se sont
illégalement attribués, blâme la conduite du Cabinet, cesse d'entrer en rapports avec lui et passe à
l'ordre du jour ». Le Président de la République
lança alors une proclamation dans laquelle il se
plaignait des empiétements de la Chambre des députés
sur ses prérogatives constitutionnelles et annonçait
qu'il maintenait le ministère. Il n'est cependant pas
douteux que l'esprit de la constitution comme les précédents ne fussent en faveur du droit de la Chambre
de renverser les ministères, et M. Pauléus-Sannon,
qui a publié sous le titre d'*Haïti et le régime parlementaire* un véritable dossier de cette crise, n'a pas
de peine à le démontrer. D'ailleurs, comme l'indique
un avocat de Port-au-Prince, M. Bonamy, dans la notice
qu'il a consacrée à Haïti dans l'*Annuaire de législation étrangère pour* 1897, « il restait un moyen aux
mains des députés pour obliger les ministres à se retirer, c'était de refuser le vote du budget ». On n'en vint
pas là. La Chambre était d'ailleurs animée de dispositions bienveillantes à l'égard du Président, le général
Sam, qu'elle venait de contribuer à élire. Elle retira
son refus d'entrer en rapports avec les ministres et
maintint le blâme : les ministres censurés demeurè-

rent au pouvoir et la crise fut conjurée. La solution
normale en pareil cas serait la dissolution de la
Chambre, et le recours aux électeurs qui, départa-
geant la Chambre et le Gouvernement, régleraient
souverainement le conflit. Elle était impossible à
Haïti où n'existe pas, comme en France, le droit de
dissolution. La Chambre du moins pouvait mettre les
ministres en accusation devant le Sénat.

Régime
parlementaire
à
Saint-Domingue.

A Saint-Domingue, comme à Haïti, les secrétaires
d'État ne peuvent être ni sénateurs, ni députés, mais,
comme à Haïti également, ils sont responsables devant le Congrès, même s'ils ont agi sur l'ordre du
Président. La Chambre peut leur adresser des inter-
pellations et leur demander des rapports; toutefois
on n'a pas à relever de conflit semblable à ceux qui
ont éclaté à Santiago ou à Port-au-Prince.

Régime
parlementaire
au Venezuela.

Un pareil conflit serait impossible au Venezuela,
où la chute des ministres disgraciés s'opère automa-
tiquement.

Au Venezuela, les sénateurs ou députés nommés
ministres cessent d'occuper leur siège et ne peuvent
le reprendre qu'un an après avoir quitté le ministère :
c'est, on le voit, une simple suspension des fonctions
parlementaires. On serait tenté de voir là une mesure
assez sage et qu'on semble avoir réclamée parfois en
France, une mesure destinée à empêcher les ministres
députés de se décerner une approbation à eux-mêmes,
et en fait, dans plus d'une occurrence, la voix des
ministres députés a pu sauver un Cabinet dans l'em-
barras. Néanmoins, si l'on réfléchit que le lendemain
de la chute ces ministres pourront former une majorité

hostile à tout nouveau ministère, force est bien de
tenir pour légitimes, et la faculté qui leur est laissée de
voter pour eux-mêmes, et même l'usage de cette
faculté, l'abstention en pareil cas pouvant fausser la
majorité réelle de l'Assemblée. Le système venezuelien aboutit, d'autre part, à cette conséquence assez
bizarre que plus on prend de ministres dans la Chambre, plus on diminue le nombre de leurs partisans.

En aucun cas, à Caracas, le Congrès ne peut voter
un ordre du jour de confiance; mais en revanche la
Chambre des députés a au nombre de ses attributions
particulières celle d'émettre un vote de blâme contre
les membres du Cabinet. Par ce seul fait le poste des
membres blâmés est considéré comme vacant. Ainsi
la Chambre des députés est armée d'une sorte de droit
de destitution à forme adoucie. Si l'on remarque
qu'elle ne peut que censurer et jamais approuver, on
sera tenté d'appliquer aux ministres venezueliens le
mot d'Andrieux à propos des lexicographes : « les
autres auteurs, disait le spirituel conteur du *Meunier
de Sans-Souci*, peuvent aspirer à la louange; les lexicographes ne peuvent aspirer qu'à échapper aux
reproches ».

Le nombre des membres du ministère n'a qu'une
importance fort secondaire. En France « le grand ministère » présidé par Gambetta (14 novembre 1881-
30 janvier 1882) comptait douze ministres et neuf
sous-secrétaires d'État; le Commerce et les Colonies
d'une part, et les Arts de l'autre, formaient des ministères spéciaux, et les Postes et Télégraphes demeu-
raient détachés des Finances. La création par voie de

Nombre
des portefeuilles.

4

décret de nouveaux départements ministériels amena un débat à la Chambre entre le président du Conseil et M. Ribot qui regrettait que l'on eût, sans loi, constitué de nouvelles administrations. Comme le fait remarquer M. de Saint-Girons, c'est toujours, par le vote des crédits, le Parlement qui a le dernier mot, et « il importe de laisser sur ce point une grande latitude au chef de l'État ou plutôt au président du Conseil qui, dans les pays parlementaires, est le véritable chef du pouvoir exécutif ».

Aujourd'hui il y a onze ministres : Intérieur et Cultes, — Finances, — Affaires étrangères, — Guerre, — Marine, — Colonies, — Instruction publique et Beaux-Arts, — Justice, — Commerce, Industrie, Postes et Télégraphes, — Agriculture, — Travaux publics, et un sous-secrétaire d'État, le sous-secrétaire d'État des Postes et Télégraphes. Les sous-secrétaires d'État, sous la présidence de M. Grévy, étaient souvent des lieutenants ministres chargés de seconder le ministre devant les Chambres... en attendant qu'ils le supplantassent. Aujourd'hui l'unique sous-secrétaire d'État est chargé d'un office spécial, ancien département déclassé, rattaché pour ordre au ministère du Commerce. C'est en réalité, non l'auxiliaire d'un ministre important, mais le titulaire d'un ministère dégradé.

Dans les autres Républiques parlementaires le nombre des ministères est généralement fixé par la loi : il y a à Saint-Domingue six ministères (Intérieur et Police, Affaires étrangères, Justice et Instruction publique, Travaux publics, Finances et Commerce,

Guerre et Marine), et la constitution permet au Président de nommer des sous-secrétaires d'État. Au Chili il y a sept départements ministériels (Intérieur, Affaires étrangères, Culte et Colonisation, Justice et Instruction publique, Finances, Guerre et Marine, Industrie et Travaux publics). Au Venezuela la loi du 9 mars 1898 institue dix départements ministériels (Relations intérieures, Relations extérieures, Finances, Crédit public, Agriculture, Cadastre et Commerce, Postes et Télégraphes, Travaux publics, Guerre et Marine, Instruction publique), et cependant n'établit que neuf postes de ministres. Encore le *Statesman's Year-book* pour 1901 n'indique-t-il que six ministres. Que signifie cette discordance ? La constitution de Haïti nous donne le mot de l'énigme : elle établit dix départements ministériels (Intérieur, Agriculture, Travaux publics, Justice, Instruction publique, Cultes, Finances, Commerce, Relations extérieures, Guerre et Marine), et n'institue que six places de secrétaire d'État, dont, suivant le *Statesman's Year-book* pour 1901, quatre seulement seraient remplies. « Les départements dont est chargé chaque secrétaire d'État, porte la constitution, sont fixés par l'arrêté qui le nomme. » Ne sourions pas trop de cette économie de personnel : elle a longtemps existé en France pour les Colonies avant que cette administration eût acquis le rang de ministère; elle s'est renouvelée pour les Postes et Télégraphes depuis qu'ils ont cessé de former un ministère; elle n'a cessé d'exister pour les Cultes sans cesse ballottés d'un ministère à l'autre et qui n'ont été érigés en ministère que pen-

dant quelques jours, à la fin de la Présidence de
M. Thiers, en mai 1873.

Nous avons vu que la loi constitutionnelle était, à
l'origine, muette sur les conditions d'éligibilité du Président de la République. Elle était à l'origine et elle
est demeurée muette sur les conditions d'aptitude au
ministère. La constitution de l'an III exigeait trente
ans, et l'absence de parenté avec les membres du Directoire au degré où il était interdit aux membres d
Directoire d'être parents entre eux. Les autres Rép
bliques parlementaires ont imposé certaines condi
tions. Au Venezuela il faut être Venezuelien de naissance, au Chili être né sur le territoire, à Saint-Domingue être citoyen de naissance ou d'origine, ou
avoir au moins huit ans de naturalisation. Les ministres doivent avoir trente ans à Haïti, vingt-cinq à
Saint-Domingue et au Venezuela, vingt et un ans au
Chili. Ils doivent avoir la jouissance des droits civils
et politiques à Haïti et à Saint-Domingue, et, au Chili,
posséder les connaissances exigées pour la jouissance
du droit de suffrage, c'est-à-dire savoir lire et écrire.
Enfin certaines constitutions exigent des garanties
particulières : à Haïti, la possession d'immeubles sur
le territoire haïtien ; au Chili, un revenu de cinq cents
pesos, soit deux mille cinq cents francs. La constitution chilienne se borne d'ailleurs à exiger du
ministre l'éligibilité comme député et en outre la
naissance sur le territoire, car, sauf cette dernière,
toutes les qualités requises du ministre sont deman-
dées au député.

Ajoutons que, comme le traitement du Président

de la République, celui des ministres varie avec
les pays : en France les ministres ont cinquante mille
francs. Ils ont six mille piastres, trente mille francs,
à Haïti.

Dans toutes les Républiques parlementaires les
ministres forment un Conseil. Le chef du ministère
est toujours, au Chili, le ministre de l'Intérieur. En
France, on distingue deux sortes de réunions, les
Conseils des ministres qui se tiennent sous la présidence du chef de l'État, les Conseils de Cabinet qui se
tiennent sous la présidence du chef du Cabinet. En
France, à Haïti, à Saint-Domingue, c'est la réunion
des ministres qui exerce le pouvoir pendant les inté-
rims présidentiels.

Réunion
des ministres

III

LES CONSEILS DE GOUVERNEMENT

En dehors de l'étroit Conseil des ministres où ne
se rassemblent que les titulaires de portefeuilles, il
existe parfois une espèce de Conseil privé, de consulte
administrative, de parlement intime, qui examine les
affaires importantes, prépare les projets de loi et sert
de haute juridiction administrative.

Cette institution n'existe pas dans toutes les Républiques parlementaires. A Saint-Domingue, il n'y a
pas de Conseil d'État, et la constitution de 1889
déclare dissous le Conseil d'État qui existait précé-
demment à Haïti. Elle existe, en France, au Chili et au
Venezuela, mais avec des caractères bien différents : ici
les membres sont nommés par le Gouvernement, là les
membres sont en partie nommés par le Gouvernement en partie élus par les Assemblées, là enfin les
membres sont élus par les Assemblées.

Conseil d'État
français.

En France, le Conseil d'État fut créé par la constitution de l'an VIII et définitivement organisé par des
lois de 1872 et 1879; il représente la partie administrative du Conseil du Roi, de l'ancien régime, comme
nous verrons que la Cour de cassation en représente
la partie judiciaire. Il se compose de trente-deux conseillers d'État en service ordinaire, et, en outre, de
conseillers d'État en service extraordinaire, au nombre

de dix-huit, de maîtres des requêtes et d'auditeurs
chargés de la préparation des affaires. Les conseillers
d'État en service ordinaire doivent avoir trente ans.
C'est la seule condition qui soit légalement exigée
d'eux ; mais une tradition longtemps respectée voulait
que les conseillers d'État fussent pris, partie parmi
les anciens maîtres des requêtes, partie parmi d'anciens hauts fonctionnaires ou d'anciens officiers généraux. Malheureusement ces règles si sages de recrutement semblent avoir été négligées dans ces derniers
temps. Dès 1894, Jules Simon reprochait aux ministres d'être « trop enclins à déporter dans le Conseil
les directeurs et les préfets dont ils veulent se débar-
rasser sans les frapper », et de « décourager ainsi les
maîtres des requêtes qui devraient être la pépinière
des conseillers ».

Les conseillers d'État en service ordinaire sont
nommés par le Président de la République en Conseil
des ministres. C'est le Président de la République qui
nomme parmi les membres le vice-président — le
président est le garde des sceaux — et les présidents
de sections. Le vice-président touche vingt-cinq mille
francs, les présidents de section dix-huit mille francs,
les conseillers d'État en service ordinaire seize mille
francs de traitement.

Les fonctions de conseiller d'État en service ordinaire sont incompatibles avec celles de député ou de
sénateur. Elles sont incompatibles avec toutes fonctions publiques. Cependant des officiers généraux de
terre et de mer, des inspecteurs et ingénieurs des
mines, des ponts et chaussées et de la marine, des

professeurs de l'enseignement supérieur peuvent être détachés au Conseil d'État sans perdre les droits attachés à leur position. D'autre part, des fonctions publiques peuvent être déléguées aux conseillers d'État à condition qu'ils fassent partie du Conseil d'État depuis plus de trois ans, que la délégation ne dure pas plus de trois ans, et que le nombre des membres ainsi détachés n'excède pas le cinquième des membres du Conseil. Enfin les fonctions de conseillers d'État en service ordinaire sont incompatibles avec les fonctions d'administrateur de toute compagnie privilégiée ou subventionnée.

Les conseillers en service extraordinaire sont les chefs de grands services administratifs; on les a appelés à siéger au sein du Conseil pour que la pratique fût représentée à côté de la théorie. « Rapprochez l'administrateur qui agit de l'administrateur qui délibère, disait M. Dumon en 1845, l'action devient plus régulière et la délibération plus positive. » Les conseillers d'État en service extraordinaire sont désignés par simple décret du chef de l'État. Le Gouvernement peut d'ailleurs appeler à prendre part avec voix consultative, aux séances de l'assemblée ou des sections, les personnes que leurs connaissances mettraient en mesure d'éclairer la discussion.

Les conseillers d'État en service ordinaire peuvent être révoqués, mais seulement par décret individuel rendu en Conseil des ministres. Il n'y a d'ailleurs pas d'exemple de révocation. Il n'y a pas de limite d'âge pour les conseillers d'État, mais ils peuvent être mis à la retraite.

Le Conseil d'État est à la fois un Conseil de Gouvernement et un tribunal administratif. Il est divisé en
cinq sections : Travaux publics, Législation, Finances, Intérieur et Contentieux. Il tient aussi des assemblées générales qui, pour les matières administratives,
comprennent l'universalité des membres, qui, au contentieux, ne sont formées que de la section du contentieux et de huit conseillers en service ordinaire pris
dans les autres sections. Les ministres ont entrée et
voie délibérative au Conseil d'État.

Le Conseil a des attributions législatives, administratives, disciplinaires et judiciaires.

Au point de vue législatif, il peut être appelé à préparer des projets de loi. Cette fonction est aujourd'hui
extrêmement restreinte. Dans la période de 1882 à
1887, le Conseil n'a été consulté que sur vingt-deux
projets de loi dont deux seulement lui ont été ren-
voyés par les Assemblées. On sait quel rôle considérable il joua dans l'élaboration de nos codes et aussi
de toutes les lois du premier Empire. Il était à cette
époque le véritable Corps législatif. Il est consulté
aujourd'hui obligatoirement sur les créations de communes et les concessions de chemins de fer d'intérêt
local. Il rédige les règlements d'administration publique. La législation coloniale qui n'est pas en principe
soumise au Parlement, est en grande partie l'œuvre
du Conseil d'État.

Au point de vue administratif, il statue sur les
appels comme d'abus, enregistre les actes de la Cour
de Rome, prépare les décrets qui en ordonnent la
publication, comme il prépare les décrets autorisant

la publication des décisions dogmatiques des communions protestantes, et donne au Gouvernement des avis sur l'interprétation des textes administratifs, avis qui, pour n'avoir qu'une valeur doctrinale, n'en exercent pas moins une influence considérable.

Au point de vue disciplinaire, il pourrait, aux termes d'un décret de 1806, être chargé par le Gouvernement d'examiner la conduite d'un fonctionnaire; depuis 1814 il n'a pas été invité à exercer cette attribution, que les auteurs rattachent à la haute police administrative.

Au point de vue judiciaire, le Conseil d'État statue soit comme juge unique, soit comme juge d'appel, soit comme juge de cassation.

Comme juge unique, il statue sur l'ensemble des litiges intéressant les rapports de l'État et des différentes autorités, soit entre elles, soit avec les particuliers, car il semble aujourd'hui se considérer comme le juge de droit commun du contentieux administratif. Il statue encore sur les recours pour incompétence et excès de pouvoirs contre les actes des autorités administratives, sur les recours contre les élections aux conseils généraux, sur les arrêtés préfectoraux annulant ou refusant d'annuler des délibérations de conseils municipaux, sur les oppositions aux autorisations de changements de noms accordées par décret, sur les refus d'autorisation d'établissements insalubres, sur les interdictions ou suspensions ordonnées de travaux de mines.

Comme juge d'appel, il statue en seconde instance sur les décisions des conseils de préfecture ou des préfets des conseils privés des Colonies, des ministres, ou des commissions spéciales statuant au contentieux.

Comme juge de cassation, il statue sur les recours pour incompétence et excès de pouvoir contre les décisions des tribunaux ou les décisions juridictionnelles des autorités administratives. C'est encore à ce titre qu'il statue sur les recours pour violation ou fausse interprétation de la loi dans le cas où ces recours sont ouverts.

On voit que si le Conseil d'État chez nous présente une absolue unité de composition, il offre au contraire la plus grande diversité dans ses attributions.

Au Chili, le Conseil d'État, c'est le nom que porte à Santiago comme à Paris cette institution, se compose de onze membres. Six sont élus par le Congrès, trois par le Sénat et trois par la Chambre des députés. Sont éligibles ceux qui remplissent les conditions requises pour être sénateur : jouissance du droit de cité, trente-six ans d'âge, absence de condamnation, jouissance d'un revenu de deux mille pesos, soit dix mille francs. Les incapacités sont les mêmes que celles qui atteignent les membres du Congrès : les ecclésiastiques réguliers, les curés, les magistrats, les fonctionnaires ne peuvent pas plus être élus conseillers d'État que membres du Congrès. Les conseillers sont élus à la première session qui suit le renouvellement du Congrès. Si par décès, destitution ou démission, un conseiller vient à cesser ses fonctions, il est immédiatement remplacé pour la fin de la période courante. Cinq sont nommés par le chef de l'État, et choisis, le premier parmi les membres des Cours de justice résidant à Santiago, le second parmi les ecclé-

Conseil d'État chilien.

siastiques constitués en dignité, le troisième parmi les
officiers généraux de l'armée et de la marine, le quatrième parmi les chefs d'office administratif (*un jefe
de alguna oficina de hacienda*), le cinquième parmi les
personnes ayant rempli les fonctions de ministre
plénipotentiaire, agent diplomatique, intendant ou
gouverneur de province. Le Conseil d'État a pour
président le Président de la République. Il élit dans
son sein un vice-président. Ce vice-président élu pour
un an est rééligible ; c'est le vice-président — s'il est
laïque — qui, à défaut du ministre de l'Intérieur, est
appelé à remplacer le Président de la République. Les
fonctions de ministre sont incompatibles avec celles
de conseiller d'État. Tout conseiller d'État nommé
ministre est remplacé. Les ministres ont le droit de
prendre la parole dans le Conseil. Le Conseil a pour
fonctions de donner son avis au Président de la Répu
blique lorsque celui-ci le demande, d'exercer un certain droit de présentation aux postes ecclésiastiques
et judiciaires, de statuer sur les difficultés de patro-
nage ou de protection, les conflits administratifs, la
mise en accusation des fonctionnaires dans tous les
cas où elle n'est pas poursuivie par la Chambre des
députés. Il a le droit de proposer au Président de la
République la destitution pour incapacité des ministres, intendants, gouverneurs de province. C'est lui
qui donne au Président le consentement nécessaire
pour la déclaration de l'état de siège. Hors ce cas, ses
avis sont consultatifs. Le Président lui soumet les
projets de loi et le projet de budget des dépenses
avant de les présenter au Congrès, ainsi que les pro-

jets de loi votés par les Chambres. Les conseillers sont responsables des avis contraires aux lois ou manifestement malintentionnés. Ils peuvent, suivant la même procédure que les ministres, être mis en accusation par la Chambre des députés et jugés par le Sénat.

Si le Conseil d'État chilien présente, comme on voit, dans sa partie remise au choix du Président de la République, de notables rapports avec le Conseil d'État français, il offre, dans sa partie élective, un air de famille avec le Conseil de Gouvernement venezuélien. Le Conseil de Gouvernement des États-Unis de Venezuela se compose de neuf membres titulaires et d'autant de suppléants destinés à remplacer les titulaires en cas d'empêchement temporaire ou absolu. Ils sont élus par le Congrès tous les quatre ans, dans les dix jours qui suivent le dépouillement du scrutin pour la Présidence de la République, et pour la durée de la période présidentielle. Les conditions d'éligibilité sont les mêmes que pour la Présidence de la République : trente ans d'âge et la nationalité de naissance. Le vote a lieu dans les mêmes conditions que le vote pour l'élection du Président de la République lorsque celle-ci se trouve confiée au Congrès. Chaque État dispose d'une voix et son vote est déterminé par la majorité absolue des suffrages des sénateurs et des députés qui en constituent la représentation. En cas d'égalité de suffrages, on tire au sort. Le Conseil de Gouvernement élit dans son sein un président, un vice-président et un secrétaire. C'est le président du Conseil de Gouvernement qui remplace

Conseil de Gouvernement venezuélien.

le Président de la République empêché. Le Conseil se réunit aux époques fixées par le règlement. Les ministres peuvent assister aux séances et y prendre la parole ; ils sont tenus de se présenter devant le Conseil quand ils sont appelés pour fournir des explications. Ils n'ont d'ailleurs pas le droit de vote. Les votes ont lieu à la majorité des membres présents. Les délibérations sont inscrites sur un registre dont copie est remise chaque année au Congrès.

Le Conseil a pour fonctions de fournir les avis qui lui sont demandés par le Président de la République ou par un ministre, de donner ou de refuser son autorisation dans les cas où la loi exige cette autorisation, de se prononcer sur les questions d'ordre administratif et judiciaire qui lui sont soumises par les États, de veiller à la perception et à l'emploi des deniers publics et d'en faire un rapport; cette dernière attribution lui donne dans l'État le rôle des conseils de surveillance ou des censeurs dans les sociétés financières. Les membres du Conseil sont responsables pour trahison envers la patrie, subornation et corruption dans l'exercice de leurs fonctions, infraction à la constitution et aux lois.

Ce Conseil de Gouvernement électif, sorte de Parlement au petit pied, est la transition naturelle entre le Gouvernement et les Assemblées.

CHAPITRE II

LES ASSEMBLÉES

I

LES ASSEMBLÉES HÉTÉROGÈNES.

Dans les Républiques parlementaires, les Assemblées se présentent sous trois formes différentes.

Elles peuvent être au nombre de deux, mais alors ou elles ont des origines différentes, ou elles ont une même origine.

Elles ont des origines différentes en France, à Haïti, au Venezuela : dans ces trois pays le corps électoral qui choisit les membres de la Chambre haute diffère du corps électoral qui choisit les membres de la Chambre basse.

Elles ont une même origine au Chili : dans ce pays ce sont les mêmes électeurs qui nomment les membres de l'une et de l'autre Chambre.

Enfin il peut n'y avoir qu'une Assemblée unique. A Saint-Domingue, il n'y a qu'une seule Chambre : le Congrès.

Nous commencerons par l'étude des Assemblées

d'origines diverses, hétérogènes si l'on peut ainsi parler, nous réservant d'étudier ensuite les Assemblées de même origine ou homogènes, et enfin l'Assemblée unique.

Nous examinerons d'abord les dispositions communes aux deux Assemblées ou Chambres, puis les dispositions spéciales à chacune d'elles.

Ensemble des deux Chambres. En France, l'ensemble des deux Chambres, Sénat et Chambre des députés, porte le nom de Parlement dans la langue courante; ce mot s'applique à l'ensemble des deux Chambres à l'état séparé. Quand elles sont réunies, elles prennent le nom de Congrès ou d'Assemblée nationale. A Haïti, les deux Chambres, Sénat et Chambre des communes, forment aussi par leur réunion une Assemblée nationale, et leur ensemble porte le nom de Corps législatif. Au Venezuela, les deux Chambres, Sénat et Chambre des députés, constituent le Congrès, nom donné également à leur réunion plénière.

Nous examinerons d'abord l'organisation, puis les fonctions du Parlement dans son ensemble.

La première question qui se pose dans l'étude du Parlement est celle de l'accessibilité. Quelles sont les personnes qui peuvent y prétendre?

Inéligibilités et incompatibilités. Indépendamment des conditions d'éligibilité qui varient, nous le verrons, pour chaque Chambre, il y a des causes générales d'inéligibilité, de véritables incapacités électives. Les incapacités, en France, ont été établies dans le dessein, soit d'assurer la sincérité des élections en écartant la candidature de tous ceux à qui leur position officielle donnerait une influence

trop considérable, soit de tenir l'armée et la marine
en dehors des luttes des partis, soit d'exclure des
Conseils de la nation ceux qui se sont soustraits à la
première des obligations du citoyen, l'acquittement
de l'impôt du sang, soit d'écarter tout retour offensif
des dynasties déchues. Il convient de remarquer que
l'incapacité n'atteint que les fonctionnaires nommés
par le Gouvernement, et que, quelle que soit l'influence que confère une fonction élective — celle de
maire par exemple — elle n'a jamais mis obstacle à
une candidature parlementaire de l'élu.

Rappelons rapidement les cas d'inéligibilité :

Ne peuvent être élus, soit pendant leurs fonctions,
soit dans les six mois qui en suivent la cessation, dans
le département ou la colonie compris en tout ou en
partie dans leur ressort, les premiers présidents, présidents et membres des parquets des Cours d'appel, —
les présidents, vice-présidents, les juges d'instruction
et membres des parquets des tribunaux de première
instance, — le préfet de police, les préfets et sous-pré-
fets et les secrétaires généraux de préfecture, les
gouverneurs, directeurs de l'intérieur et secrétaires
généraux des colonies, — les ingénieurs en chef et
d'arrondissement et les agents-voyers en chef d'arrondissement, — les recteurs et inspecteurs d'Aca-
démie, — les inspecteurs des écoles primaires — les
archevêques, évêques et vicaires généraux, — les tré-
soriers payeurs généraux et les receveurs particuliers
des finances, — les directeurs des contributions directes et indirectes de l'enregistrement et des domaines, — les conservateurs et inspecteurs des forêts. Il

5

y a encore pour la Chambre des députés deux incapacités spéciales : les juges titulaires de première instance sont inéligibles dans leur ressort ; les sous-pré-
fets ne sont éligibles dans aucun des arrondissements
du département où ils exercent leurs fonctions.

Ne peuvent être élus, dans aucun endroit, les militaires des armées de terre et de mer, sauf ceux de la
réserve et de l'armée territoriale, les officiers généraux
maintenus sans limite d'âge dans la première section
du cadre de l'état-major général et non pourvus de
commandement, et les officiers généraux ou assimilés
placés dans la deuxième section du cadre de l'état-
major général ; une exception est encore faite pour les
élections à la Chambre des députés en faveur des officiers qui, ayant des droits acquis à la retraite, sont
envoyés ou maintenus dans leurs foyers en attendant
la liquidation de leur pension ; mais la décision qui
les admet à la retraite est dès lors définitive. L'interdiction était levée pour les élections au Sénat en
faveur des maréchaux et amiraux ; elle est aujourd'hui
sans objet : depuis la mort de l'amiral Tréhouart en
1873, il n'y a plus d'amiraux, et depuis la mort du
maréchal Canrobert, en 1895, il n'y a plus de maréchaux.

D'autre part, ne peuvent être élus ceux qui n'ont
pas satisfait aux obligations de la loi du 15 juillet 1889
sur le service militaire. Cette incapacité, édictée par la
loi du 14 août 1895, a été complétée par la loi du
20 juillet 1895 sur les obligations militaires des membres du Parlement. Cette loi frappe d'incapacité ceux
qui n'ont pas satisfait intégralement aux obligations

du service actif, ou, s'ils sont naturalisés ou résidant en Algérie ou aux colonies, aux obligations spéciales qui les concernent. Ajoutons que cette même loi décide que les membres du Parlement, à l'exception des officiers généraux maintenus sans limite d'âge dans la première ou dans la seconde section de l'état-major général, ne peuvent faire de service militaire pendant les sessions, si ce n'est sur leur demande et avec l'autorisation de la Chambre dont ils font partie ; pendant leur service, ils ne peuvent participer aux délibérations et aux votes. Si l'Assemblée nationale est convoquée, leur service militaire est suspendu pendant la durée de la session plénière.

Enfin, la loi du 22 juin 1886, en interdisant aux membres des familles ayant régné sur la France l'exercice de tout mandat électif, est venue généraliser l'application du principe qui avait fait interdire pour la Présidence de la République les candidatures dynastiques.

A côté de l'incapacité d'être appelé à la fonction, il y a l'impossibilité où l'on peut se trouver de la remplir. C'est la situation des fonctionnaires. Appelés au Parlement, ils deviendraient les juges de leurs supérieurs hiérarchiques. Leur indépendance ruinerait la discipline, et leur soumission le contrôle nécessaire des Chambres. Aussi la loi du 30 novembre 1875 porte-t-elle : « L'exercice des fonctions publiques rétribuées sur les fonds de l'État est incompatible avec le mandat de député. »

Cette loi cependant admet une exception en faveur de certaines fonctions : ces fonctions sont telles que les titulaires sont en réalité placés à la tête de grands services indépendants où la nécesité de la subordination se fait moins sentir, et qu'ils peuvent apporter des lumières dont il est bon de ne pas se priver. Ces fonctions sont celles de ministre, sous-secrétaire d'État, ambassadeur, ministre plénipotentiaire, préfet de police, de la Seine, premier président de la Cour des comptes de la Cour de cassation ou de la Cour d'appel de Paris ou procureur général près les mêmes Cours, archevêques ou évêques non élus dans leur diocèse, pasteur président du consistoire là où il existe plus de deux pasteurs au chef-lieu, grand rabbin de France ou rabbin de Paris. Sont également exceptés les titulaires de chaires données au concours ou sur présentation par les corps où s'est produite la vacance et les chargés de missions n'excédant pas une durée de six mois. Tout titulaire de fonctions incompatibles avec le mandat législatif, élu député, est, s'il n'a pas fait connaître dans les huit jours qu'il n'accepte pas le mandat législatif, remplacé dans ses fonctions. Tout député nommé fonctionnaire cesse de faire partie de la Chambre. Il en est ainsi, même quand la fonction est compatible avec le mandat; seulement, dans ce cas, le fonctionnaire peut se représenter et être de nouveau élu. Il n'y a que deux exceptions : le député nommé ministre, le député nommé sous-secrétaire d'État ne sont pas assujettis à la réélection. Dans le régime parlementaire, les ministres et les vice-ministres sont normalement choisis dans le sein des Chambres, et en élisant un député les électeurs savent qu'ils désignent un membre possible du Cabinet : devenir ministre est pour un député une sorte d'avancement régulier.

Nous avons jusqu'ici parlé du député et nous nous sommes référés à la loi du 30 novembre 1875 sur l'organisation de la Chambre basse : c'est qu'en effet les causes d'incompatibilité n'avaient toute leur étendue que pour les élections à la Chambre des députés. Elles étaient à l'origine très limitées pour le Sénat. Mais la loi du 26 décembre 1887 a identifié sur ce point les conditions d'accès aux deux Assemblées, en décidant que, jusqu'au vote d'un projet de loi global, projet qui n'a pas encore été discuté, sur les incompatibilités parlementaires, les règles sur les incompatibilités entre certaines fonctions publiques et le mandat de député s'appliqueront aux sénateurs.

D'ailleurs les dispositions spéciales édictées depuis le vote des lois organiques ne font aucune distinction entre les sénateurs et les députés. C'est aux sénateurs comme aux députés que s'applique la loi du 28 novembre 1885 à laquelle nous avons fait allusion, et qui déclare démissionnaire et soumet à la réélection tout membre du Parlement ayant accepté les fonctions d'administrateur d'une compagnie de chemin de fer. C'est aux sénateurs comme aux députés que s'appliquait une autre loi, de quelques mois plus ancienne, la loi du 28 juin 1885. Cette loi relative à la mise en adjudication pour quinze ans, à compter du 22 juillet 1885, des services postaux entre le Havre, New-York, la France, les Antilles et le Mexique, portait que, « en raison de la subvention accordée par l'État », il était interdit aux membres

de la Chambre des députés et du Sénat, sous peine
de déchéance de leur mandat, de faire partie du
conseil d'administration de la compagnie concessionnaire.

L'adjudication était faite en deux lots : service du
Havre à New-York, service des Antilles et du
Mexique.

Pour le premier lot, une convention est intervenue
entre l'État et la compagnie transatlantique concessionnaire du service. Cette convention, qui proroge
pour dix années devant expirer le 21 juillet 1911, la
concession consentie à la compagnie transatlantique,
a été ratifiée par une loi du 8 juillet 1898. L'article
final de la loi de ratification reproduit la disposition finale de la loi du 28 juin 1885, mais ajoute
que les députés ou sénateurs visés par la disposition seront tenus d'opter dans les deux mois, et à
défaut d'option seront réputés démissionnaires, et que
les membres du conseil d'administration de la compagnie transatlantique élus députés ou sénateurs
seront tenus d'opter dans les huit jours de la vérification des pouvoirs; faute d'option, ils seront réputés
démissionnaires.

Pour le second lot, une convention avait été signée
entre l'État et diverses compagnies maritimes dans le
dessein d'assurer, à partir du 22 juillet 1901, le service
postal entre la France, le Mexique, les Antilles et le
nord du Brésil. Un projet de loi ratifiant cette convention a été présenté au Parlement, projet dont la disposition finale reproduit la disposition finale de la loi
du 8 juillet 1898. Mais il n'a pu être voté en temps

opportun, et une loi du 1er juillet 1901 a autorisé le
ministre du Commerce à pourvoir provisoirement au
service entre la France, les Antilles et l'Amérique centrale.

Dans ces conditions, il semble bien que l'on doive
considérer l'incompatibilité établie par la loi du
18 juin 1885 comme ayant cessé d'exister : pour la
ligne du Havre à New-York, une incompatibilité nouvelle à sanction plus précise a été édictée par la loi du
8 juillet 1898 ; pour la ligne de la France à l'Amérique
centrale, la concession réglée par la loi de 1885 est
expirée et n'a pas été renouvelée, et, par conséquent,
les conditions mises à cette concession et notamment
l'exclusion du Parlement des administrateurs de la
compagnie concessionnaire ont cessé de s'appliquer.

Au Venezuela, la question des incapacités électives
rentre dans la législation électorale, qui est, on le
sait, de la compétence de chaque État. Au contraire,
les incompatibilités sont réglées par la constitution
fédérale. Elle décide que l'exercice de toute fonction
publique dépendant de l'Union ou de l'un des États
est incompatible avec l'exercice du mandat de sénateur ou de député. Une disposition spéciale porte que
les sénateurs ou députés nommés ministres cessent
d'occuper leur siège et ne peuvent le reprendre qu'un
an après leur sortie du ministère. A Haïti, il ne semble
pas y avoir d'incapacités électives de l'ordre de celles
que nous avons rencontrées en France, mais la constitution y proclame le mandat de sénateur ou de député
incompatible avec toutes fonctions, même celle de
secrétaire d'État.

Vérification des pouvoirs. La vérification des pouvoirs en France et dans les autres Républiques parlementaires appartient à chacune des Chambres. A Haïti, les membres des Chambres doivent prêter serment de maintenir les droits du peuple et d'être fidèles à la constitution.

Élections partielles et suppléances. Quand il se produit des vacances dans le Parlement, il peut y être pourvu par deux moyens : ou l'on procède à des élections partielles, ou l'on nomme en même temps que les membres titulaires des suppléants appelés à les remplacer éventuellement.

Le premier système est celui de la France. En France, en cas de décès, démission ou déchéance d'un député ou d'un sénateur, il est immédiatement pourvu à son remplacement. C'est aussi le système adopté dans la République d'Haïti.

Le second est celui du Venezuela. Il est à chaque élection nommé autant de suppléants que de titulaires, soit comme députés, soit comme sénateurs. Ce n'est que lorsque, par suite de la multiplicité des décès, le nombre des sénateurs ou députés attribué à l'État ne peut être atteint, qu'il est procédé à des élections complémentaires. Les suppléants prennent alors le rang de titulaires et les nouveaux élus complètent les titulaires et fournissent les suppléants.

Traitement. Les députés et les sénateurs touchent partout un traitement. En France il est pour les uns et les autres de neuf mille francs par an. C'est le chiffre fixé par la loi du 15 mars 1849. Le décret du 5 mars 1848 fixait l'indemnité législative à vingt-cinq francs par jour de session. Ce mode de computation avait l'inconvénient, comme l'a ingénieusement remarqué l'auteur de *l'Histoire par le théâtre*, Théodore Muret, de convier en quelque sorte l'ouvrier à comparer son propre salaire à celui de son représentant et contribua à l'impopularité des Assemblées de la seconde République. Les sénateurs et les députés jouissent, moyennant une faible rétribution, d'une carte de circulation sur les chemins de fer français. Les députés et sénateurs des colonies ont droit, au début et à l'expiration de leur mandat, à une indemnité de passage. Nos premières Assemblées jouissaient de la franchise postale. La Constituante, qui l'avait refusée le 21 octobre 1789, l'admit par décret du 12-19 octobre 1790, et la Convention l'établit pour ses membres par décret du 20-25 septembre 1792. Elle ne fut supprimée que par la loi du 27 vendémiaire an VI et remplacée par une indemnité de port de lettre.

À Haïti, où le Sénat est permanent, le traitement est annuel pour les membres de la Haute Assemblée, qui touchent cent vingt-cinq piastres fortes, soit environ sept cent cinquante francs d'indemnité mensuelle. Au contraire, les membres de la Chambre basse ne sont payés que durant la session : ils touchent chaque mois, pendant sa durée, deux cents piastres fortes, environ douze cents francs.

Au Venezuela, une disposition constitutionnelle décide que le traitement des députés et des sénateurs est fixé par une loi et ne peut être augmenté au cours d'une période législative que pour la période suivante.

Les membres des Chambres jouissent de prérogatives spéciales qui assurent leur indépendance envers le pouvoir exécutif.

Immunités parlementaires.

Tous les discours prononcés, toutes les opinions émises par eux dans l'exercice du mandat législatif, sont couverts par une immunité absolue, telle est la règle posée par la constitution française et aussi par les constitutions d'Haïti et du Venezuela.

Ensuite les membres du Parlement sont inviolables : pendant la durée des sessions, ils ne peuvent être, sauf le cas de flagrant délit, arrêtés sans l'autorisation de la Chambre dont ils font partie. Telle est la règle française. L'inviolabilité est aussi reconnue au Venezuela où elle s'étend de l'ouverture de la session à trente jours après la clôture. Elle est aussi admise à Haïti où elle s'étend de l'élection à l'expiration du mandat. Bien plus, dans ce pays, c'est la Chambre des députés qui remplit les fonctions de Chambre des mises en accusation quand un de ses membres est inculpé d'un crime.

Bureau et règlements.

Le bureau, en France, est élu librement par les Assemblées pour un an, c'est-à-dire pour la session extraordinaire s'il y en a une, aussi bien que pour la session ordinaire. C'est également à chaque Chambre qu'est reconnu le droit de faire son règlement.

Commissions

Les projets, en France, sont examinés par des commissions spéciales ou générales. Dans la cinquième législature (1889-1893) de la Chambre des députés il y avait eu trois cent quatre-vingt-seize commissions spéciales; dans la sixième (1893-1898) il y en eut encore trois cent trente, et, bien que le règlement interdise à un député de faire partie de plus de trois commissions, il peut encore, comme on l'a dit, être simultanément appelé à étudier l'exercice de la

pharmacie ou de la médecine, l'hypothèque légale
de la femme et les tarifs des chemins de fer. Pendant la sixième législature, on institua de grandes
commissions de vingt-deux ou trente-trois membres
chargées d'examiner les propositions d'un certain
ordre. D'ailleurs, dès longtemps la commission de
l'armée, la commission du budget remplissaient l'office de commissions générales et permanentes militaires et financières.

En France, les deux Chambres siègent à Paris **Siège.**
depuis 1879, l'une au Luxembourg, l'autre au Palais-
Bourbon. Seule l'Assemblée nationale siège obligatoirement à Versailles dans la salle de l'ancienne
Chambre des députés, mais on a conservé l'installation de la salle du Sénat et il suffirait d'une loi pour
transférer de nouveau à Versailles ou ailleurs le siège
du Parlement.

A Haïti, en vertu de la disposition de l'article 11 de
la constitution de 1889, le Corps législatif siège
« dans la capitale de la République ou ailleurs suivant les circonstances politiques », phrase qui trahit
presque naïvement les troubles chroniques dont
souffre notre ancienne colonie. Au Venezuela, en
attendant la constitution d'un district fédéral par la
cession d'un territoire inhabité de 100 kilomètres
carrés, les Chambres se réunissent dans la capitale
provisoire, à Caracas. Les Chambres peuvent toujours
ordonner un changement de résidence; en cas de
dissidence, elles tiennent une séance plénière pour
résoudre le désaccord.

En France, les sessions sont annuelles. Le Parle- **Sessions.**

ment se réunit de plein droit le deuxième mardi de janvier. Il doit tenir au moins cinq mois de session : après ce laps de temps, le Président de la République peut prononcer la clôture de la session. Il peut y avoir des sessions extraordinaires sur la convocation du Président de la République. Cette convocation est même obligatoire pour lui, si la majorité absolue des membres de chaque Chambre la réclame.

À Haïti, les Chambres se réunissent tous les ans. Constitutionnellement les Chambres se réunissent le premier lundi d'avril : en fait, elles ne s'assemblent que deux mois après la date légale, parfois plus tard. En 1892, l'ouverture a eu lieu le 1er juin, en 1895 le 7 août. Mais à Haïti le Sénat est permanent; il nomme avant son ajournement une commission de permanence de cinq sénateurs. Les séances d'ouverture et de clôture sont plénières : le Président de la République assiste à la séance d'ouverture. La session est de trois mois et peut être portée à quatre par le pouvoir exécutif ou le pouvoir législatif. Le Président de la République peut convoquer les Chambres en session extraordinaire à charge d'en rendre compte par message. En cas de vacance de la Présidence de la République, l'Assemblée nationale se réunit dans les dix jours, avec ou sans convocation de la commission de permanence du Sénat, pour procéder à l'élection.

Au Venezuela, les Chambres se réunissent chaque année le 20 février ou le jour le plus rapproché de cette date, sans convocation, dans la capitale de l'Union. La session dure soixante-dix jours. Elle peut être

prorogée à quatre-vingt-dix jours, si la majorité le
juge utile. Le Président de la République peut convoquer le Congrès en session extraordinaire après avoir
consulté le Conseil de Gouvernement, mais sans être
lié par son avis. Lorsque les Chambres sont en dissidence sur la fermeture de la session, elles se réunissent
en séance plénière et le Congrès tranche la difficulté.

En France, les Chambres se constituent par la Quorum.
réunion de la moitié plus un de leurs membres véri-
fiés. Au Venezuela, la présence des deux tiers des
membres est nécessaire pour l'ouverture de la session. A Haïti chaque Chambre ne peut prendre de
résolution que si deux tiers des membres sont présents, et toute résolution doit, en dehors d'exigences
spéciales de la constitution, réunir la majorité absolue des membres présents. Si dans les élections générales à la Chambre des communes, les deux tiers des
membres n'ont pas été élus au premier tour, le pouvoir exécutif ordonne immédiatement la reprise des
opérations. Il semble d'ailleurs que la République
haïtienne ait pris des précautions spéciales pour remé-
dier à l'absentéisme parlementaire. Nous disons : « il
semble », car il s'agit — et l'observation que nous
faisons ici s'applique à toutes les règles de détail de
procédure parlementaire que nous aurons occasion
de citer — il s'agit ici de dispositions spéciales qui,
essentiellement contingentes, peuvent avoir été modi-
fiées. Une loi du 16 septembre 1878 considère comme
une démission l'abstention d'un membre du Corps
législatif, fondée sur un refus d'obéir à la loi ou à
une décision du corps dont il fait partie, et le règle-

ment de la Chambre des communes du 8 septembre 1880 frappe d'une amende de vingt-cinq piastres tout manquement à l'appel, d'une amende de quinze piastres toute retraite après l'appel. Notons qu'il est fait, à la fin de la session, masse de ces sommes, et elles sont attribuées aux membres qui se sont rendus aux séances où la Chambre n'a pu se constituer pour les dédommager de leur dérangement inutile. Au Venezuela, les règlements prévoient le cas où les Chambres ne sont pas en nombre pour se constituer : leurs membres doivent alors se former en commission préparatoire et aviser aux moyens de presser l'arrivée des absents.

Séances.   Les séances sont partout publiques, sauf le droit de réclamer le comité secret. En France, le comité secret doit être demandé par cinq membres au Sénat, vingt membres à la Chambre des Députés, et voté par l'Assemblée ; la séance publique est reprise dès que la majorité absolue le décide ainsi. Au Venezuela, la Chambre peut ordonner le comité secret. A Haïti, les Chambres doivent se former en comité secret dès que cinq membres le demandent, sauf à la majorité à ordonner la reprise de la séance publique. En outre, les secrétaires d'État, quand ils ont des communications à faire, peuvent exiger qu'elles aient lieu à huis clos.

Aucun costume n'est imposé en France aux membres des Assemblées. Au Venezuela, on se contente d'exiger qu'ils soient vêtus de noir. Plus minutieux, les règlements des Chambres haïtiennes exigent deux costumes : l'habit noir comme grande tenue, la redin-

gole noire ou bleu foncé comme petite tenue. Les
députés portent une rosette nationale à la bouton-
nière; les sénateurs, une médaille d'or au revers
gauche. Cette tenue soignée, non moins que l'aménité
des discussions, frappait naguère M. de Molinari au
cours de son voyage à Panama.

C'est à neuf heures du matin que s'assemblent les
Chambres haïtiennes. En France, les séances n'ouvrent
que vers trois heures. Les règlements venezueliens
présentent seuls cette particularité d'interdire la lecture des discours, tout en autorisant l'emploi des
notes et même la lecture de dissertations doctri-
nales.

La police de la Chambre appartient au président.
A Haïti, comme en France, il a une clochette. A
Haïti, en cas de tumulte, le président de la Chambre
se couvre, le président du Sénat lève la séance et
dresse un procès-verbal du tumulte. En France, dans
les deux Chambres, le Président se couvre. Qu'un
crime se commette dans l'enceinte d'une des Assemblées, la séance peut n'être même pas suspendue; on
se rappelle le mot de M. Charles Dupuy, lors de
l'attentat de Vaillant : « la séance continue ».

Aux termes du règlement, le président d'une Chambre venezuelienne peut être lui-même rappelé à
l'ordre.

On sait qu'en France le Président de la République a deux moyens d'action sur les Chambres : il
peut, sur l'avis conforme du Sénat, dissoudre la
Chambre des députés; il peut aussi, à la condition de
ne pas renouveler cette mesure plus de deux fois dans

Dissolution
et prorogation.

la session, ajourner le Parlement à un mois. Ces droits ne sont conférés au Président que par la constitution française.

Fonctions.

Les deux Chambres ont des attributions législatives financières, diplomatiques, exécutives et judiciaires.

Fonctions législatives.

En France, les fonctions législatives appartiennent également aux deux Chambres et un projet peut être indifféremment présenté à chacune d'elles. Les membres de chaque Chambre ont l'initiative et le droit d'amendement.

Dans chaque Assemblée, toute proposition émanée d'un membre est soumise à la commission d'initiative qui en apprécie la valeur et l'opportunité et qui lui fait subir une sorte d'examen d'admissibilité. La Chambre statue ensuite sur la prise en considération, et, si elle l'accorde, la proposition est renvoyée, soit à une commission générale chargée de projets de même ordre, soit à une commission spéciale. Cette commission dépose un rapport, et la Chambre procède en deux délibérations à l'examen du projet élaboré par la commission. Très souvent, la Chambre déclare l'urgence et il n'y a qu'une délibération. « L'urgence, disait à la Chambre des députés M. Ribot alors président du Conseil, le 1er juillet 1895, l'urgence est devenue dans nos mœurs parlementaires une sorte de politesse qui ne se refuse guère, mais qui n'avance pas beaucoup les choses. »

Votée, la proposition de loi — et ce que nous disons de la proposition s'applique au projet de loi déposé au nom du Président de la République par un ministre, mais qui, dispensé de la prise en considé-

ration, est de droit renvoyé à une commission —
votée, la proposition de loi est transmise à l'autre
Chambre qui peut la rejeter ou l'amender à son tour.
La Chambre étant soumise à un renouvellement intégral, le Sénat, jusqu'à 1894, considérait comme cadu-
ques les propositions émanées de l'initiative parlementaire, et adoptées par la Chambre, qui n'avaient pas
été sinon l'objet d'un vote, du moins l'objet d'un
rapport de la part de la commission du Sénat avant
le renouvellement intégral. C'était une rigueur injus-
tifiée sur laquelle la Haute Assemblée est revenue. Le
10 décembre 1894, le Sénat a voté une résolution aux
termes de laquelle il décidait que les textes votés par
la Chambre avant son renouvellement ne seraient
point considérés comme caducs. M. Brisson a indiqué
qu'en cas d'opposition de vues entre la Chambre
ancienne et la Chambre nouvelle, le Président de la
République pourrait, après l'adoption par le Sénat,
user de son droit de provoquer une nouvelle délibération et mettre les députés à même de se prononcer
sur le texte voté par leurs prédécesseurs. Ce serait
encore une hypothèse où le droit d'observation du
Président pourrait s'exercer. Repoussée par une Assemblée, la proposition ne peut être reprise avant trois
mois si elle a été prise en considération, avant six mois
si elle ne l'a pas été; mais le Gouvernement peut à
tout moment la reprendre sous forme de projet de loi.

   Jamais chez nous les deux Assemblées ne peuvent
se réunir pour se mettre d'accord sur un texte; ce
n'est qu'en matière constitutionnelle que l'Assemblée
nationale peut légiférer; mais des commissions mixtes,

6

composées de commissions élues par chacune des deux Assemblées et chargées de conférer entre elles, peuvent préparer un texte transactionnel; comme le rappelle M. Esmein, c'est ainsi que fut préparée la loi de 1889 sur le recrutement.

On a vivement critiqué les procédés qui président à la confection de nos lois. On a blâmé, et l'insuffisante élaboration des propositions issues de l'initiative parlementaire, et le désordre qu'à tout moment les amendements viennent jeter dans l'ensemble de la loi préparée, enfin la paresse qu'apporte le Gouvernement à présenter les lois les plus nécessaires. On répond que ce sont des inconvénients qu'il ne faut pas exagérer et qu'il ne faut pas surtout remplacer par de plus grands. L'œuvre du législateur, ajoute-t-on, n'est pas de graver sur l'airain des formules éternelles, c'est en général de pourvoir par des dispositions urgentes à des besoins pressants. Un projet ne devenant loi qu'après avoir été voté dans les deux Chambres, c'est la mission de la Chambre saisie la seconde de l'améliorer et de le compléter. M. Michon, auteur d'une étude documentée sur *l'Initiative parlementaire et la réforme du travail législatif*, a proposé, comme devant assurer une sage rédaction des lois, l'intervention nécessaire ou au moins habituelle du Conseil d'État. Or ne serait-ce pas augmenter les complications que d'introduire encore un nouveau facteur dans le travail législatif déjà si laborieux? Cette intervention, qui se comprenait sous la constitution de 1848 où il n'existait qu'une seule Chambre, ne ferait-elle pas double emploi avec celle d'une seconde Assemblée?

La vérité est qu'en matière de lois une rédaction imparfaite que corrige d'ailleurs la jurisprudence qui en fixe l'interprétation, est la conséquence presque inévitable des délibérations collectives et qu'une loi idéale, conséquente, harmonieuse, ne saurait être que le fruit de la méditation solitaire. Mais il est douteux qu'elle répondît aux besoins du pays pour lequel elle serait faite, et les essais de législation de Rousseau et de Bentham ne sont pas encourageants. D'ailleurs, à chercher un Solon, combien de Soulouques ne risquerait-on pas de rencontrer!

A Haïti, l'initiative et le droit d'amendement appartiennent à chacun des membres des deux Chambres. La constitution exige que chaque loi soit votée article par article. Le projet rejeté par une des Chambres ne peut être reproduit dans la même session.

Au Venezuela, les projets de loi sont présentés indifféremment à l'une ou à l'autre Chambre. Ils sont soumis à la prise en considération et à trois délibérations. Adoptés par une Assemblée, ils sont transmis à l'autre. Rejetés par la seconde Chambre, ils ne peuvent être présentés à nouveau qu'à la session suivante; amendés par elle, ils doivent revenir devant la Chambre d'origine; en cas de dissidence sur le texte à adopter, chacune des deux Chambres peut proposer la réunion du Congrès en assemblée plénière pour la délibération sur le projet. Joseph de Maistre parlant des deux Conseils de la constitution de l'an III disait qu'ils n'étaient séparées que par une cloison: on voit qu'à Caracas la cloison est mobile.

En matière financière les droits des deux Chambres

Fonctions financières.

ne présentent pas, en général, une complète identité. En France l'article 8 de la loi du 24 février 1875 porte : « les lois de finances doivent être, en premier lieu, présentées à la Chambre des députés et votées par elle ». Résulte-t-il de cette priorité de vote reconnue à la Chambre basse qu'elle seule peut prendre l'initiative de crédits nouveaux? C'est ce que, à la fin de 1876, Gambetta soutint contre Jules Simon, alors chef du Cabinet. Il s'agissait pour la Chambre de statuer sur des crédits qui avaient été rétablis par le Sénat. La Chambre adopta les chiffres du Sénat. Cette transaction, on peut le remarquer, laisse la question intacte, car le problème ne se pose véritablement que dans le cas où il y a obstination d'une Chambre à maintenir et de l'autre à effacer les crédits. On a soutenu aussi que la Chambre haute ne pouvait pas voter spontanément de nouveaux crédits, et n'avait que la faculté de rétablir des crédits proposés par le Gouvernement et repoussés par la Chambre des députés. On a répondu qu'aucune de ces théories restrictives des droits du Sénat ne semble admissible, que le droit de priorité ne saurait aboutir à un monopole au profit de la Chambre basse. « Rien n'est plus précis et plus clair, dit M. Jalabert, professeur de droit constitutionnel à la Faculté de droit de Paris, dans son *rapport* à la session extraordinaire de la Société de législation comparée de 1889 sur *les Attributions des Chambres hautes en matière de finances* ; la Chambre des députés a un simple droit de priorité en matière de lois de finances ; le Sénat saisi en second lieu a la plénitude du pouvoir législatif comme pour les autres lois. »

« On a imaginé, ajoute M. Jalabert, de voir, dans les amendements votés par le Sénat, l'exercice d'un veto suspensif, ou, mieux encore, d'un droit de remontrance analogue à celui de nos anciens Parlements, virtuellement attribué à la Chambre haute par la constitution. S'il en était ainsi, le Sénat aurait épuisé son droit par un premier vote, et, après la seconde délibération de la Chambre, il serait placé dans l'alternative d'adopter intégralement ou de rejeter le projet qui lui serait renvoyé. S'il se croyait autorisé à maintenir ses votes antérieurs, ceux-ci étant nuls et non avenus comme inconstitutionnels, le Président de la République n'aurait plus qu'à promulguer la loi telle qu'elle aurait été arrêtée par la Chambre des députés. »

Ce système, que nous nous bornons à exposer, sans le discuter, et qui, comme le faisait observer M. Jalabert, n'est admis dans aucun des pays libres où la constitution réserve à la Chambre des députés la priorité des lois de finances, est l'expression des prétentions affirmées chaque année par la Chambre des députés. En 1884, on proposa de consolider dans la constitution les doctrines favorites de la Chambre basse. Mais le Sénat refusa de comprendre l'article 8 de la loi du 24 février 1875 au nombre des articles soumis à la revision.

La sagesse des deux Assemblées les a empêchées d'aller jusqu'au bout du droit qu'elles allèguent. D'ailleurs il y aurait, en cas de conflit, une ressource : ne pouvant se mettre d'accord sur le budget, les deux Chambres voteraient des douzièmes provisoires. C'est le procédé qu'indique M. Esmein, et qui permettrait au temps, ce grand agent d'apaisement, d'accomplir son œuvre.

La constitution haïtienne consacre, elle aussi, la priorité de délibération de la Chambre basse en matière financière, mais elle apporte, en outre, un certain tempérament à l'initiative parlementaire, en fait de dépenses nouvelles.

A Haïti, les lois budgétaires, les lois qui concernent l'assiette, la quotité, le mode de perception des impôts et des contributions, ou qui ont pour but de créer des recettes ou d'augmenter les dépenses, doivent être d'abord votées par la Chambre des communes. Il y a une dizaine d'années, le désaccord des deux Chambres a amené une véritable crise. En 1892, la session s'était ouverte le 1er juin, et la Chambre des communes, qui avait complètement remanié le projet du Gouvernement, ne le vota que le 30 septembre, à la veille de la nouvelle année financière. A Port-au-Prince, en effet, l'année financière commence le 1er octobre. Le 30 septembre, à onze heures du soir, le Sénat repoussa le budget adopté par la Chambre des communes et vota le projet présenté par le Gouvernement. La Chambre des communes protesta aussitôt par un message au Sénat et au Président de la République, et refusa de se former, comme le veut la constitution, en Assemblée générale avec le Sénat, pour la clôture de la session. On était sans budget. Le 5 octobre, le Président de la République publia une proclamation. Il constatait que les Chambres s'étaient séparées sans voter le budget, et que

leur dissentiment manifeste rendait leur convocation inutile; il rappelait les précédents : dans des
situations analogues on avait continué le dernier
budget. Par un arrêté du même jour il maintint, pour
l'année financière 1892-1893, le budget de l'année
1891-1892. Par un arrêté du 6, il opéra la défalcation
de sommes non dues pour le nouvel exercice, et, par
un arrêté du 18, il ouvrit de nouveaux crédits. La
situation fut régularisée quelques mois plus tard. Une
loi du 6 décembre 1892 ratifia les arrêtés des 5, 6 et
18 octobre. Pareille aventure s'était produite quinze
ans plus tôt aux États-Unis où les Chambres, en 1877,
se séparèrent sans voter en temps opportun le budget
de la guerre, et durent être convoquées extraordinairement pour y pourvoir après coup.

A Haïti, on a songé en outre à prendre certaines précautions contre les initiatives téméraires de ruineuses
dépenses : mais le remède est bien faible pour un
si grand mal. L'article 165 de la constitution de 1889
porte : « aucune décision en matière de finances ne
peut être prise sans consulter le secrétaire d'État des
finances sur la possibilité d'y pourvoir en conservant
l'équilibre du budget. Le secrétaire d'État pourra
demander qu'on lui donne les voies et moyens de
satisfaire à cette dépense avant de prendre la responsabilité de l'exécuter. »

Ces deux particularités semblent disparaître dans la
constitution vénézuélienne. On ne fait aucune différence
entre les deux Assemblées; d'autre part, on ne paraît
point restreindre l'initiative parlementaire : « les
ministres, porte l'article 97 de la constitution de

1895, présenteront aux Chambres, dans les dix premiers jours du second mois de la session, le budget général des recettes et des dépenses et le compte général de l'année précédente. »

Fonctions diplomatiques. Les fonctions diplomatiques du Parlement sont complémentaires de celles du Gouvernement, et nous nous trouvons avoir, à propos du Président de la République, exposé les droits respectifs du chef de l'État et des Chambres. D'ailleurs il n'y a pas à s'étonner de cette pénétration réciproque du Gouvernement et des Chambres : la théorie des trois pouvoirs — « laquelle, disait Mirabeau, exactement analysée montrera peut-être la facilité de l'esprit humain à prendre des mots pour des choses, des formules pour des arguments et à se routiner vers un certain ordre d'idées sans revenir jamais et examiner l'inintelligible définition qu'il a prise pour un axiome » — la théorie des trois pouvoirs n'est qu'une distinction de différentes fonctions d'un être unique, l'État, comme la théorie des facultés de l'âme n'est que la distinction des divers modes d'activité d'une substance unique « le moi ».

Fonctions exécutives. La participation du Parlement au pouvoir exécutif, autrement dit l'influence des Chambres sur le Gouvernement, est l'âme même du régime parlementaire. Nous avons assez longuement exposé, à propos du Gouvernement, les rapports des membres et des Chambres pour n'avoir pas à y revenir.

Fonctions judiciaires. Il est un quatrième ordre de fonctions dans l'exercice desquelles les deux Chambres sont associées, bien qu'elles jouent des rôles tout différents, ce sont les fonctions judiciaires.

En France, la constitution de 1875 a donné au Parlement des fonctions judiciaires. Ces fonctions s'exercent à l'égard du Président de la République, des ministres et de toute personne accusée d'attentat contre la sûreté de l'État, mais dans des conditions différentes, suivant les personnes.

« Le Président de la République, porte la loi du 16 juillet 1875, ne peut être mis en accusation que par la Chambre des députés et ne peut être jugé que par le Sénat. » On sait qu'il n'est responsable qu'en cas de haute trahison. S'il s'agissait d'un délit de droit commun, il pourrait être accusé dans les mêmes formes que les autres citoyens.

« Les ministres, ajoute la loi, peuvent être mis en accusation par la Chambre des députés; en ce cas ils sont jugés par le Sénat. » Des termes dont s'est servi le législateur il ressort, ce nous semble, que les ministres peuvent être aussi accusés devant la justice ordinaire. En ce cas-là, ils seraient jugés par les juridictions de droit commun. Pour les ministres, l'une et l'autre juridiction, juridiction de droit commun et juridiction politique, sont donc également compétentes.

Enfin le Sénat peut être constitué en Cour de justice par décret du Président de la République pour juger les attentats contre la sûreté de l'État. C'est là une compétence exceptionnelle et le Sénat n'est ici compétent que s'il est saisi par un décret présidentiel.

On sait que, le 7 avril 1889, un décret du Président de la République constitua le Sénat en Haute Cour

de justice pour statuer « sur les faits d'attentat contre
la sûreté de l'État et autres faits connexes relevés à
la charge de M. Boulanger, général en retraite, et de
tous autres que l'instruction aura fait connaître ».

Plus récemment un décret du Président de la République, du 4 septembre 1900, a constitué le Sénat en
Haute Cour de justice pour statuer « sur les faits d'attentat à la sûreté de l'État et les faits connexes relevés
à la charge de MM. Déroulède, Habert, Buffet, Guérin,
Dubuc et autres que l'instruction fera connaître ». La
commission du Sénat, qui fait fonction de chambre
des mises en accusation, décida, le 30 octobre, que les
faits constituaient le crime de complot. Le complot
n'étant pas visé dans le texte constitutionnel qui confère au Sénat des fonctions judiciaires, les inculpés
soulevèrent une exception d'incompétence qui fut re-
jetée par arrêt de la Haute Cour du 11 novembre 1900.

Une loi du 10 avril 1889 règle la procédure devant la Haute Cour. Aux termes de cette loi, les
sénateurs élus antérieurement au décret de constitution peuvent seuls prendre part aux débats de l'affaire.
Le ministère public est choisi par le Président de la
République dans les parquets de cassation et d'appel,
disposition qu'on a critiquée parce qu'elle associe la
magistrature à une instance où elle est et où il serait
bon, dit-on, qu'elle restât étrangère. Le secrétaire
général de la présidence du Sénat sert de greffier.
Lecture est donnée au Sénat du décret de constitution
et du réquisitoire en séance publique. Le Sénat
ordonne l'instruction. Le Sénat élit au début de chaque
session parlementaire une commission de neuf mem-

bres et cinq suppléants. Cette commission choisit elle-même son président qui, après que le Sénat a ordonné l'instruction, remplit les fonctions et a les pouvoirs du juge d'instruction. Des membres de la commission peuvent l'assister. L'instruction terminée, le président communique le dossier au procureur général et invite l'accusé à choisir un défenseur ou lui en désigne un d'office. Puis au jour fixé par le président, la commission se réunit en chambre d'accusation et statue. Le procureur général rédige l'acte d'accusation. Les inculpés peuvent récuser comme juges les sénateurs qui ont été membres de la chambre d'accusation. Les débats publics clos, la discussion a lieu en chambre du conseil. La culpabilité et la peine sont prononcées à la majorité absolue. Les arrêts sont motivés. Aucune voie de recours n'est admise. Les parents ou alliés d'un inculpé jusqu'au degré de cousin issu de germain sont tenus de s'abstenir.

La compétence judiciaire des Chambres à raison de certains faits ou à l'égard de certains fonctionnaires est admise à Haïti, mais non au Venezuela où la Haute Cour forme une institution distincte des Chambres.

A Haïti, la Chambre des communes peut mettre en accusation devant le Sénat le Président de la République pour abus d'autorité, de pouvoir ou autre crime; un secrétaire d'État pour malversation, trahison, abus ou excès de pouvoir; un membre du Tribunal de cassation pour forfaiture. C'est le Sénat qui juge. Mise en accusation, déclaration de culpabilité, doivent être votées à la majorité des deux tiers s'il

s'agit du Président de la République ou d'un membre
du Tribunal de Cassation, à la majorité absolue s'il
s'agit d'un secrétaire d'État. A la différence du Sénat
français qui peut appliquer toutes les peines, le Sénat
haïtien ne peut frapper le Président de la République
que de déchéance, un membre du Tribunal de cassation que de révocation des fonctions, un secrétaire
d'État que de destitution et, en outre, le Président et le
secrétaire d'État de la privation du droit d'exercer des
fonctions publiques pendant un an au moins et cinq
ans au plus, le membre du Tribunal de cassation de
l'inadmissibilité à toutes charges publiques pendant
un certain temps. S'il y a lieu à d'autres peines,
elles sont prononcées par les tribunaux ordinaires.

Nous avons ainsi achevé de parcourir les dispositions communes aux deux Assemblées. Il nous reste à
examiner rapidement les règles spéciales à chacune
d'elles.

Chambres hautes.
Composition.

En général, les Chambres hautes sont peu nombreuses, et le nombre de leurs membres est fixe. Le Sénat
français compte trois cents membres, le Sénat haïtien
trente-neuf, le Sénat venezuelien vingt-sept. Ajoutons
que le Sénat français ne représente qu'une faible por-
tion de la France extérieure. Seuls les trois départements de l'Algérie, ce prolongement transméditerra-
néen de notre pays, et nos vieilles colonies Guadeloupe,
Martinique, Réunion et Inde française, ont des sénateurs.

Éligibilité.

L'accès en est restreint par des exigences d'âge ou
de garantie sociale. En France, les conditions exigées
sont outre, la qualité de Français — les naturalisés ne

peuvent être élus qu'après dix ans de naturalisation, stage qu'une loi spéciale peut réduire à un an. — outre la jouissance des droits civils et politiques, l'âge de quarante ans. Haïti et le Venezuela se contentent de trente ans; mais le Venezuela exige la nationalité de naissance et Haïti la propriété d'un immeuble ou l'exercice d'un métier ou d'une profession à Haïti.

Dans les Républiques où, pour répéter notre expres- Note d'élection. sion, le Corps législatif est hétérogène, où les Chambres ont des origines différentes, la plus délicate question dans l'organisation de la Chambre haute est la constitution du corps électoral. En France la composition de la Chambre haute, au début, n'était pas uniforme. et le Sénat, tel qu'il était sorti des lois constitutionnelles, était formé de deux catégories de membres. procédant de deux corps différents. D'un côté, c'étaient les sénateurs élus par les départements en nombre proportionné à la population de chacun d'eux, dans les conditions que nous indiquerons tout à l'heure; d'un autre, c'étaient les sénateurs élus à vie et dits inamovibles au nombre de soixante-quinze et formant le quart de la Chambre haute. A l'origine, ils avaient été élus par l'Assemblée nationale. C'était le Sénat lui-même qui remplissait les vides. Cette classe de sénateurs est en train de disparaître. A la suite de la revision d'août 1884 qui « déconstitutionnalisa » les dispositions relatives à l'organisation du Sénat, on promulgua, le 9 décembre 1884, la loi qui règle actuellement la composition de la Chambre haute. Aux termes de cette loi, les sénateurs inamovibles conservent à vie leurs fonctions. Mais au fur et à mesure des vacances ils sont remplacés par des sénateurs élus par les départements. On tire au sort, parmi les départements dont la représentation est augmentée (la Seine notamment devra avoir dix sénateurs et le Nord huit au lieu de cinq), celui qui devra élire un sénateur. En janvier 1901 il restait dix sénateurs élus par l'Assemblée nationale, quatre élus par le Sénat.

Aux termes des lois de 1875, les sénateurs nommés par les départements étaient élus par un corps électoral spécial assez bigarré, auquel on donna, à l'époque où il fut institué, le nom irrévérencieux d'arlequin.

Ce corps se composait des députés, des conseillers généraux, des conseillers d'arrondissement et d'un délégué élu par chaque conseil municipal parmi les électeurs de la commune. Cette organisation qui, donnant à la plus infime commune le même nombre de voix qu'à Paris et à ses deux millions d'âmes, faisait moins du Sénat le Grand Conseil des communes de France, suivant l'expression de Gambetta, que la représentation des intérêts ruraux, ne laissait pas de paraître assez choquante. Aussi fut-elle modifiée par la loi de 1884 ; aux termes de cette loi les conseils municipaux élisent un nombre de délégués gradués suivant le nombre de leurs membres : un pour dix membres, deux pour douze, jusqu'à vingt-quatre pour trente-six. Le conseil municipal de Paris élit trente délégués. Ces délégués ne sont pas permanents et sont renouvelés pour chaque élection. L'assemblée électorale se tient au chef-lieu de département et sous la présidence du président du tribunal civil.

La loi de 1884 a, comme le constate M. Esmein, fait passer la prépondérance des campagnes aux villes moyennes : mais elle n'a pas notablement altéré l'esprit de notre Chambre haute. La solution adoptée n'est guère d'ailleurs qu'un expédient empirique et provisoire : la logique de l'institution voudrait, ainsi qu'on l'a fait remarquer, que le corps électoral comprît l'intégralité des membres des assemblées locales, c'est-à-dire tous les conseillers municipaux aussi bien que tous les conseillers d'arrondissement et tous les conseillers généraux.

En outre des représentants des intérêts des circonscriptions territoriales, le corps électoral du Sénat comprend les députés. Noyés dans la masse des autres électeurs, ils peuvent être tenus pour une quantité négligeable; au contraire, à Haïti les députés sont les électeurs exclusifs des sénateurs, mais ils ne peuvent choisir les membres de la Haute Assemblée que sur deux listes comprenant chacune un nombre de candidats double de celui des membres à élire. La première est présentée par les assemblées électorales d'arrondissement; les membres de ces assemblées sont élus par les assemblées primaires, c'est-à-dire par l'ensemble des électeurs de chaque commune, au scrutin secret, la majorité absolue des membres de l'assemblée primaire étant présente. Les assemblées électorales d'arrondissement, en outre des candidats au Sénat, ont aussi à élire les membres des conseils d'arrondissement; elles ne peuvent voter qu'en présence des deux tiers de leurs membres, et doivent se dissoudre aussitôt leurs fonctions électorales accomplies. La seconde de ces listes est présentée par le pouvoir exécutif. C'est parmi les candidats, inscrits sur ces listes, que la Chambre des communes choisit les sénateurs. Le département de l'Ouest doit avoir onze sénateurs, les départements du Nord et du Sud chacun neuf, le département de l'Artibonite six et celui du Nord-Ouest quatre. Un sénateur sortant ne peut être remplacé que par un sénateur du même département. La Chambre des communes pourvoit immédiatement aux vacances qui viennent à se produire, en se servant des dernières listes formées.

Au Venezuela, les sénateurs sont élus par le corps législatif de chacun des États. Ce corps législatif est, dans tous les états, nommé au suffrage universel. Chaque État élit trois sénateurs titulaires et trois suppléants.

Durée des pouvoirs et mode de renouvellement. Les sénateurs, en France, — les inamovibles élus à vie mis à part, — sont élus pour neuf ans et se renouvellent par tiers tous les trois ans. A Haïti les sénateurs sont élus pour six ans et se renouvellent par tiers tous les deux ans. Au Venezuela les sénateurs sont élus pour quatre ans et le renouvellement est intégral.

Attributions particulières. La Chambre haute a parfois certaines attributions spéciales. Nous avons vu qu'à Haïti le Sénat avait un comité permanent qui, en cas de vacance de la Présidence de la République, pouvait convoquer l'Assemblée nationale. C'est lui aussi qui élit, sur deux listes de candidats comprenant chacune deux noms pour chaque membre à élire et présentées l'une par le pouvoir exécutif, l'autre par la Chambre des communes, les membres du Tribunal des comptes, institution analogue à notre Cour des comptes. Au Venezuela, aux termes de l'article 114 de la constitution de 1895, c'est le Sénat qui donne aux employés de la nation l'autorisation d'accepter des dons, missions, honneurs ou récompenses d'un Gouvernement étranger.

La Chambre basse, dans les diverses Républiques parlementaires où elle a une origine différente de la Chambre haute, a en général un nombre de membres plus considérable et variable avec les mouvements de la population. En France, la Chambre basse compte un député par cent mille habitants ou par fraction de cent mille habitants. Il y a actuellement 581 députés. A Haïti, le nombre des députés est, aux termes de la constitution de 1889 et jusqu'à ce qu'un recensement ait été dressé, de un par commune, deux pour les chefs-lieux de département et pour les villes de Jacmel, de Jérémie et Saint-Marc, et de trois pour la capitale Port-au-Prince, en tout 95. On voit que la commune est la véritable base du système électoral de la Chambre basse d'Haïti. Aussi, pour le dire en passant, la Chambre des communes de Port-au-Prince mérite-t-elle son nom mieux que celle de Londres. Du reste le nom de Chambre des communes que nous appliquons à la Chambre basse d'Angleterre est, comme un auteur l'a fait remarquer, un contresens devenu classique : *House of commons* veut dire Chambre du commun, Chambre du peuple, par opposition à *House of Lords*, Chambre des seigneurs. Au Venezuela, il y a un représentant

Chambre basse.
Composition.

7

pour 55 000 habitants : il y a actuellement 52 représentants.

Ajoutons qu'en France les trois départements de l'Algérie, la Guadeloupe, la Martinique, la Réunion, ont chacun deux députés, que l'Inde française en a un, et que la Cochinchine, la Guyane française et le Sénégal qui n'ont pas de sénateurs ont chacun un député.

Éligibilité.

En France, la loi n'exige pour pouvoir être éligible que d'être électeur, — cependant les naturalisés ne peuvent être élus qu'au bout d'un stage de dix ans, qu'une loi spéciale peut réduire à une année, — et d'avoir atteint l'âge de vingt-cinq ans. Encore ce que la loi exige, c'est moins l'électorat effectif que la capacité électorale, et un citoyen jouissant de ses droits politiques pourrait être élu, bien qu'en fait il ne fût inscrit sur aucune liste.

A Haïti, pour être éligible, il faut être âgé de vingt-cinq ans, avoir la jouissance de ses droits, et être propriétaire d'un immeuble ou exercer à Haïti un métier ou une profession. Au Venezuela, ce sont les lois des États qui déterminent les conditions d'éligibilité.

Électorat.

Dans les différentes Républiques parlementaires, à Chambres hétérogènes, c'est le suffrage universel qui désigne les membres de la Chambre basse. En France, aux termes de la loi organique du 30 novembre 1875, sont électeurs tous les citoyens âgés de vingt et un ans et jouissant des droits politiques. Il n'y a de privés de ces droits que les individus frappés de peines afflictives et infamantes, ou infamantes seulement, ou encore ceux qu'atteignent les dispositions particulières contenues dans le décret organique du 2 février 1852. Ce décret, véritable code des incapacités électorales, prive notamment du droit de vote les condamnés à l'emprisonnement pour faits qualifiés crimes, ou pour vol, escroquerie, abus de confiance, soustraction de deniers publics, attentats aux mœurs, les condamnés pour vagabondage, mendicité ou usure, enfin les interdits judiciaires et les faillis non réhabilités. Les domestiques ont conservé le droit de vote que, contrairement aux constitutions de 1791, de l'an III et de l'an VIII, le décret du 5 mars 1848 leur avait implicitement donné. Lamartine a raconté dans *Geneviève* la part qu'il prit à cette collation des droits politiques aux serviteurs : « Donnez, avait-il dit au Gouvernement provisoire, donnez le suffrage aux domestiques, vous donnerez ainsi dix voix aux pères de famille; vous donnerez une voix aux femmes, aux vieillards, aux enfants, à la propriété, aux mœurs, aux habitudes, une voix à la maison! »

A Haïti, les membres de la Chambre des communes sont élus par les assemblées primaires des communes. Ces assemblées sont composées de tous les citoyens âgés de vingt et un ans qui sont propriétaires fonciers ou fermiers en vertu d'un bail de cinq ans au moins, ou qui exercent une profession, un emploi public, ou une industrie. Sont exclus de ces assemblées les domestiques à gages, les banqueroutiers simples ou frauduleux, les interdits condamnés ou contumaces, les individus ayant encouru une condamnation emportant suspension des droits civils, enfin ceux qui ont été reconnus par jugement avoir refusé de servir dans la garde nationale ou de siéger comme jurés. Ces assemblées primaires, qui sont aussi chargées d'élire les membres des assemblées électorales d'arrondissement et les conseillers communaux, se réunissent de plein droit le 10 janvier de chaque année pour élire, s'il y a lieu, les représentants du peuple. Les assemblées ne peuvent voter que si la majorité absolue des membres est présente et au scrutin secret : elles doivent se dissoudre une fois l'élection achevée.

Au Venezuela, le droit de suffrage est réglé par les législations des États : toutes s'accordent à admettre le suffrage universel. La législation fédérale ne régit que l'élection dans le district fédéral. Pour ce district, la loi fédérale du 5 juin 1896 décide que seront électeurs pour l'élection des députés tous ceux qui sont électeurs pour la nomination du Président de la République, c'est-à-dire tous les citoyens domiciliés et âgés de vingt et un ans.

Mode de vote.   Le mode d'élection n'est pas moins intéressant que le droit de suffrage lui-même. Mais nous ne saurions entrer dans les innombrables questions qu'il soulève. Bornons-nous à quelques indications rapides.

En France et à Haïti, le vote est direct et secret; la constitution venezuelienne de 1893 impose aux États, comme une des bases de l'union fédérale, l'obligation d'établir en matière électorale le vote direct et secret.

Scrutin de liste ou scrutin uninominal est un des problèmes qui ont été, particulièrement en France, le plus passionnément agités. En France, où les sénateurs sont élus au scrutin de liste, les députés étaient, d'après la loi du 30 novembre 1875, élus au scrutin d'arrondissement. Chaque arrondissement avait un représentant; s'il avait plus de 100 000 habitants, il était divisé en plusieurs circonscriptions. Gambetta, en 1882, obtint vainement de la Chambre des députés l'abolition de ce régime qui faisait de l'Assemblée populaire, suivant sa pittoresque expression, un miroir brisé où la France ne se reconnaissait pas. Le Sénat rejeta le projet. Le 16 juin 1885, le scrutin de liste fut établi, mais, le 13 février 1889, remplacé par le scrutin d'arrondissement. Une loi subséquente du 17 juillet 1889 est venue interdire les candidatures multiples et assujettir les candidats à une déclaration à la préfecture. A Haïti, le scrutin est uninominal : dans les communes qui élisent plusieurs représentants on procède à autant de scrutins qu'il y a de représentants à élire. Chaque scrutin doit rester ouvert quatre heures au moins. Si la majorité absolue n'est pas obtenue au premier tour, il y a ballottage entre les trois candidats qui ont eu le plus de voix, et l'on procède à de nouveaux scrutins jusqu'à ce que l'un ait obtenu la majorité absolue, ou jusqu'à ce qu'il y ait égalité, auquel cas l'on tire au sort. Au Venezuela, le mode de scrutin est régi par les législations des États.

La Chambre se renouvelle en France intégralement et les députés sont immédiatement remplacés dès qu'une vacance vient à se produire. A Haïti, le renouvellement est intégral et les vacances immédiatement comblées; au Venezuela, au contraire, si le renouvel-

Durée des pouvoirs et mode de renouvellement.

lement est intégral, on nomme en même temps que les représentants des suppléants qui les remplacent au besoin.

La durée du mandat est de quatre ans en France et au Venezuela, de trois ans à Haïti.

Attributions particulières.

Les Chambres basses comme les Chambres hautes peuvent avoir certaines attributions qui leur sont particulières.

Si la Chambre des communes de Haïti ne semble, non plus que notre Chambre des députés, avoir aucune mission spéciale, la Chambre des députés vénézuélienne a au contraire des fonctions propres. Nous savons que cette Chambre peut émettre un vote de blâme contre les ministres, vote qui suffit à rendre vacant le poste des ministres blâmés; c'est à elle, en outre, qu'il appartient d'examiner le compte rendu que doit lui présenter chaque année le Président des États-Unis de Venezuela, et d'élire tous les deux ans à la majorité absolue des suffrages et par scrutins successifs le procureur général de la Nation et ses deux substituts. Comme c'est le procureur de la Nation qui peut, le cas échéant, introduire devant la Haute Cour fédérale l'action en responsabilité contre le Président de la République et les ministres, il est permis de voir dans le droit d'élire ce magistrat, réservé à l'Assemblée populaire, aussi bien que dans ce blâme opérant destitution, comme des vestiges du droit d'accusation que notre constitution et la constitution d'Haïti attribuent à la Chambre basse.

Réunion plénière.

Jusqu'ici, on le remarquera, soit que nous ayons embrassé l'ensemble des deux Chambres, soit que

nous nous soyons attachés aux particularités que présente chacune d'elles, nous les avons toujours envi-
sagées à l'état séparé. Les trois constitutions qui
nous occupent, tout en reconnaissant le dualisme
des Chambres, tout en posant comme règle que chacune d'elles tiendra séparément ses séances, admettent
dans certaines circonstances la réunion des deux
Chambres du Parlement en une Assemblée unique.

Cette Assemblée unique, qualifiée Assemblée nationale, est reconnue par la constitution française. Aux
termes de l'article 2 de la loi sur l'organisation des
pouvoirs publics du 25 février 1875 — c'est cette disposition, proposée par M. Wallon, dont le vote à la
séance de l'Assemblée nationale du 30 janvier 1875,
par 353 voix contre 352, fut regardé comme la con-
sécration légale du régime républicain — le Président
de la République est élu à la majorité absolue des
suffrages par le Sénat et par la Chambre des députés
réunis en Assemblée nationale. Ce n'est pas la seule
circonstance qui donne lieu à la réunion de cette
Assemblée. C'est aussi dans l'Assemblée nationale
que doit être opérée la revision de la constitution,
quand Sénat et Chambre des députés ont par délibérations séparées décidé qu'il y avait lieu à revision.
Dans un cas comme dans l'autre, qu'elle soit collège
électoral présidentiel ou congrès de revision, l'Assemblée nationale se réunit à Versailles. Elle siège
dans l'ancienne salle de la Chambre des députés à
laquelle l'enlèvement de panneaux volants permet
de donner les dimensions nécessaires pour recevoir
le Parlement tout entier. Dans un cas comme dans

l'autre, l'Assemblée nationale a pour bureau le bureau du Sénat. L'Assemblée nationale n'est d'ailleurs compétente que pour l'élection du Président et pour la revision. Elle ne saurait faire de lois. Les Chambres peuvent durant la session de l'Assemblée nationale continuer à tenir des séances séparées. Les deux Chambres coexistent donc avec l'Assemblée nationale qui, de la sorte, se trouve en quelque sorte une Convention de revision siégeant au dehors des Chambres, ayant sa compétence spéciale, et ne les annulant pas plus qu'elle ne les absorbe. Le règlement adopté en 1884, lors du dernier congrès de revision, fut le règlement de l'Assemblée de 1871 auquel on fit quelques légères retouches.

C'est à Haïti surtout que cette Assemblée nationale a un rôle important. Les sessions annuelles s'ouvrent par une séance plénière, une réunion de l'Assemblée nationale. C'est dans le sein des deux Chambres réunies en Assemblée nationale qu'il est, comme en France, procédé et à l'élection du Président et à la revision de la constitution. C'est devant l'Assemblée nationale que le Président élu prête serment. Enfin nous avons déjà vu que la déclaration de guerre, l'approbation ou le rejet des traités de paix, sont aussi du ressort de l'Assemblée nationale. Encore ces attributions que lui donne la constitution de 1889 ne sont-elles qu'un diminutif de celles que la constitution de 1867 lui conférait : d'après cette constitution, tous les traités, l'établissement d'une banque nationale, les changements de capitale devaient être délibérés en séance plénière; c'était même l'Assemblée natio-

nale qui pouvait seule exercer le droit de grâce attribué, dans cette constitution comme dans notre constitution de l'an III, au pouvoir législatif.

Le président de l'Assemblée nationale est de droit
le président du Sénat, mais le vice-président est le
président de la Chambre des députés et les secrétaires
sont les secrétaires des deux Chambres. On sait
qu'en cas de vacance de la Présidence de la République le comité permanent du Sénat peut convoquer
l'Assemblée nationale; à défaut de convocation,
l'Assemblée se réunit de plein droit.

Au Venezuela, les Chambres ont aussi des Assemblées plénières : le Congrès qu'elles forment a pour
président le président du Sénat, pour vice-président,
le président de la Chambre. Cette réunion se produit dans diverses circonstances dont nous avons
déjà signalé quelques-unes. C'est en Congrès que les
Chambres se réunissent afin de procéder au dépouillement des votes pour l'élection présidentielle, et, à
défaut de majorité obtenue, pour élire le Président de
la République. C'est en Congrès que les Chambres se
réunissent encore lorsqu'elles se trouvent en désaccord sur la suspension des séances ou le changement
de résidence. C'est en Congrès qu'une Chambre peut
proposer à l'autre de se réunir en cas de dissentiment
sur un amendement. Enfin une disposition constitutionnelle semble permettre à tout propos la fusion
des deux Assemblées : « bien que les Chambres
soient appelées à fonctionner séparément, porte l'article 55 de la constitution de 1893, elles peuvent se
réunir en Congrès dans les cas prévus par la consti-

tution ou par les lois, ou lorsque l'une d'elles estime
que cette réunion est nécessaire. Si la Chambre à
laquelle est adressée l'invitation à se réunir en Congrès approuve cette réunion, c'est à elle qu'il appartient d'en fixer le jour et l'heure. » Avec un texte
aussi élastique, la dualité des Chambres est en réalité
à la discrétion des Assemblées. Ce mélange à volonté
des deux Assemblées est d'autant plus remarquable
qu'elles ont des origines diverses, l'une procédant
du suffrage direct, l'autre du choix du corps législatif de chaque État, et qu'elles représentent dans les
États-Unis du Venezuela deux courants contraires :
le courant unitaire et le courant particulariste.

II

LES ASSEMBLÉES HOMOGÈNES.

Nous avons ainsi achevé de parcourir et les règles
d'ensemble et les dispositions particulières qui président au fonctionnement des Assemblées dans les trois
Républiques parlementaires où les Chambres ont des
origines diverses. Mais il nous reste à étudier deux
autres types, chacun représenté par un seul pays :
les Assemblées homogènes du Chili; l'Assemblée
unique de Saint-Domingue.

Un seul pays, le Chili, a des Chambres homogènes,
c'est-à-dire issues l'une et l'autre d'un même corps
électoral; mais incontestablement un travail de rap-
prochement s'opère entre l'une et l'autre Chambre,
dans la plupart des pays à Chambres hétérogènes.
C'est ainsi qu'au Venezuela, la durée des pouvoirs est la même pour les membres des deux Chambres, et que, pour l'une comme pour l'autre, le
renouvellement est intégral. C'est ainsi qu'en France,
à part d'imperceptibles différences qui tiennent d'ailleurs en partie à la différence du mode d'élection, les
inéligibilités et les incompatibilités sont devenues
identiques pour les députés et pour les sénateurs.

Tendance générale à l'assimilation des deux Chambres.

Comme la France en 1885, le Chili en 1888 a revisé
la loi sur les inéligibilités et les incompatibilités. La
loi nouvelle, votée en 1888, est devenue, le 7 juil-

Inéligibilités et incompat.bilités.

Iet 1892, par la ratification de la seconde législature, partie de la constitution dont elle forme le nouvel article 21. Les règles sont communes aux députés et aux sénateurs.

Sont inéligibles : les ecclésiastiques réguliers, les curés et vicaires ; les magistrats des tribunaux supérieurs de justice, les juges titulaires et les fonctionnaires qui exercent le ministère public ; les intendants de province et les gouverneurs de place ou de département ; les personnes qui ont conclu ou cautionné des contrats avec l'État en matière de travaux publics ou en toute autre matière ; les étrangers devenus Chiliens par la faveur de la constitution qui permet de réclamer le droit de cité au bout d'un an de résidence au Chili en manifestant l'intention de s'y fixer, s'ils n'ont été en possession de lettres de naturalisation cinq ans au moins avant l'élection.

Le membre du Congrès qui devient ecclésiastique régulier, curé ou vicaire, cesse ses fonctions.

Aucun membre du Congrès ne peut, pendant la durée de son mandat, conclure ou cautionner des contrats avec l'État en matière de travaux publics ou en toute autre.

Aucun membre du Congrès ne peut, sauf en cas de guerre extérieure, depuis le jour de son élection et jusqu'à six mois après l'expiration de ses fonctions, être investi d'une commission ou pourvu d'emplois publics rétribués, à l'exception de ceux de Président de la République, ministre et agent diplomatique.

Les fonctions de membre du Congrès sont incom-

patibles avec les fonctions municipales et avec tout
emploi public, toute fonction, toute commission rétri-
buée. Le fonctionnaire élu doit se prononcer dans les
quinze jours de l'approbation de l'élection s'il est sur
le territoire, dans les cent jours s'il est en dehors du
pays ; passé ce délai, il est considéré comme déchu
du mandat législatif.

Seules les fonctions de ministre et aussi les fonctions conférées en temps de guerre sont compatibles
avec celles de membre du Parlement.

Les députés et les sénateurs sont choisis par les
mêmes électeurs. Est électeur tout Chilien âgé de
vingt et un ans, sachant lire et écrire. Ceux que leur
état physique ou moral prive de l'exercice de leurs
facultés, les domestiques, les condamnés à une peine
afflictive ou infamante, sont suspendus de leurs droits
électoraux.

Électorat.

Les élections sont directes. Le scrutin est secret.
En 1887, il y avait 154119 électeurs inscrits qui repré-
sentaient 1/18 de la population. Aux élections des
députés, en mars 1888, il y eut 89977 votants, soit
67 pour 100 des inscrits.

Mode de vote.

Les membres du Congrès bénéficient des immunités
parlementaires; ils ne peuvent être poursuivis pour les
opinions qu'ils ont exprimées ou les votes qu'ils ont
émis dans l'exercice de leurs fonctions. Aucun membre
du Congrès ne peut, sauf le cas de flagrant délit, être
arrêté ni poursuivi sans autorisation de la Chambre
dont il fait partie ou de la Commission conservatrice
dans l'intervalle des sessions. Si la poursuite ou l'arrestation est autorisée, il est suspendu de ses fonc-

Immunités parlementaires.

tions législatives. En cas d'arrestation pour flagrant délit, la Chambre ou la Commission conservatrice est immédiatement avisée et examine s'il y a lieu d'autoriser les poursuites.

Vérification des pouvoirs. Chaque Chambre vérifie les pouvoirs de ses membres. Une disposition constitutionnelle porte que les démissions des membres doivent être adressées à la Chambre dont ils font partie et ne peuvent, — règle assez bizarre qui pourrait arriver à faire ou tout au moins à maintenir des députés ou sénateurs malgré eux, — être acceptées qu'à la majorité des trois quarts.

Serment. L'obligation de prêter serment a été maintenue pour les membres des deux Chambres. Le nouveau sénateur doit prêter serment à genoux et entre les mains du président. Le secrétaire lit la formule suivante : « Jurez-vous devant Dieu et les Saints Évangiles de remplir fidèlement et loyalement la charge que vous a confiée la nation, de ne consulter que ses véritables intérêts, suivant ce que l'examen de votre conscience vous dictera, de garder le secret des délibérations à huis clos? » Le sénateur répond : « J'en fais le serment et, si je ne le garde pas, que Dieu, témoin de mes promesses, me châtie ». La formule à l'usage du député est analogue, seulement il ne se met pas, semble-t-il, à genoux, et, une fois la formule : « J'en fais le serment », prononcée par lui, c'est le président qui ajoute l'imprécation : « Si vous ne le gardez pas, que Dieu, témoin de vos promesses, vous en demande compte ».

Gratuité. Sénateurs et députés ne reçoivent aucun traite-

ment; en revanche, assure M. Wiener, « on a pour
eux des égards exceptionnels ».

Le bureau n'est élu que pour un mois, mais d'ordinaire il est réélu par acclamation.

Bureau.

Le règlement des Chambres chiliennes est extrêmement minutieux; il règne dans les usages parlementaires un certain formalisme. Le président, qui a
le titre d'Excellence et à qui on ne parle qu'à la troisième personne, ouvre la séance en agitant sa sonnette
et en prononçant la formule sacramentelle : à la
Chambre : « Au nom de Dieu »; au Sénat, « Au nom
de Dieu Tout-Puissant, la séance est ouverte ». Les
membres ont le titre d' « honorable », et on ne peut parler d'un collègue qu'en le désignant sous le nom de la
« Seigneurie » de tel département. « Il n'y a point de
tribune, dit M. Wiener, les députés et les sénateurs,
tenant la pomme d'or à la main, parlent de leur siège.
Ils demeurent généralement assis. » M. Reynaërt, dans
son *Histoire de la discipline parlementaire*, complète ces
renseignements en nous apprenant que, comme dans
les Assemblées britanniques de la métropole ou des
colonies, l'orateur s'adresse au président. Il termine
son discours par la formule : « J'ai dit ».

Séances.

Les travaux parlementaires sont préparés par des
commissions parlementaires permanentes qui corres-
pondent aux différents ministères. Les deux Chambres,
en principe, bien qu'elles aient chacune leur salle et
qu'elles ne soient pas, comme dans la République
Argentine, obligées de se faire place tour à tour l'une
à l'autre, alternent leurs séances. Mais il est souvent
fait brèche à cette règle qu'un simple vote peut

écarter, et même les séances de nuit ne sont pas rares. Les votes se donnent de deux façons : le président peut demander à chacun son avis en commençant par la droite et chacun ne peut répondre que par *oui* ou par *non*. Le vote par *si* et *non* répond à peu près à nos scrutins par mains levées ou par assis et levé. Il y a un autre vote, secret celui-là, par boules blanches (dans le sens de l'adoption) ou noires (dans le sens du rejet) pour les décisions, et par bulletins écrits à la main pour les élections.

Sessions.   La session ordinaire s'ouvre le 1er juin et ferme le 1er septembre ou le 1er octobre. Le président convoque généralement une session extraordinaire qui dure des premiers jours de novembre aux premiers jours de janvier. Dans cette session, les Chambres ne peuvent s'occuper que des affaires pour lesquelles elles sont convoquées.

La veille de la clôture de la session ordinaire, chaque Chambre élit sept de ses membres qui composent en se réunissant la Commission conservatrice. Cette Commission est élue par vote accumulé aux termes d'une loi de 1884. C'est essentiellement une commission de surveillance, qui ne dure que pendant l'intervalle des sessions et dont les fonctions expirent le 31 mai, veille du jour où les Chambres se rassemblent de droit. La Commission conservatrice veille à l'observation de la constitution. Elle adresse et au besoin réitère des représentations au Président de la République. Si ces représentations portent sur des attentats ou des abus et que le Président n'y fasse pas droit, le Président de la République et le ministre

compétent encourent la responsabilité de ces attentats
et de ces abus qu'ils tolèrent comme s'ils les avaient
ordonnés ou permis. Elle fournit, dans les cas prévus
par la constitution, le consentement que le Gouvernement est obligé de demander au Congrès.

Aux termes d'un amendement adopté en 1874, la
Commission conservatrice pouvait demander au Président de convoquer le Parlement en session extraordinaire. Tout citoyen ayant le droit d'adresser des
pétitions aux pouvoirs publics, et la Commission
conservatrice jouissant incontestablement de cette
faculté, l'addition faite à la constitution impliquait
pour le Président l'obligation de déférer à cette
demande. Cependant, dès le début, le Président Pinto
(1876-1880) refusa d'accéder à une demande de convocation qui lui était adressée par la Commission
conservatrice en se fondant sur ce que le texte per-
mettait à la Commission de demander, mais n'obli-
geait pas le Président à accorder. Une loi du 24 septembre 1890 modifia ce texte ambigu et décida que
« la Commission conservatrice peut convoquer le
Congrès en session extraordinaire, quand la Commission le juge convenable ou quand la majorité des
deux Chambres en fait la demande par écrit. » Le
Président Balmaceda ayant refusé, à la fin de 1890,
d'accéder à une demande de convocation qui lui était
adressée par la Commission conservatrice, le nouveau Congrès s'empressa, le 12 décembre 1891, de
ratifier la loi qui devint ainsi une disposition constitutionnelle.

La Commission conservatrice doit rendre compte

x

au Congrès, dès sa première réunion, de la manière
dont elle s'est acquittée de sa charge. Elle est responsable envers le Congrès de ses omissions dans
l'accomplissement des devoirs que la constitution lui
impose.

Fonctions.

Les fonctions des deux Chambres, en général, sont
sensiblement les mêmes. Conformément à la tradition,
les lois sur les contributions et sur les levées de troupes
doivent être présentées d'abord à la Chambre des
députés. En revanche, c'est le Sénat qui a de droit la
primeur des propositions d'amnistie.

Fonctions
législatives.

En matière législative, les auteurs de la constitution
chilienne se sont préoccupés de régler les conflits et
d'assurer la solution des difficultés qui pourraient
naître entre les deux Chambres; en fait, assure
M. Wiener, il n'existe entre elles aucun antago-
nisme. Un projet, adopté dans une chambre, est
transmis à l'autre au cours de la session; la
Chambre de renvoi le repousse-t-elle, il revient à la
Chambre d'origine : dans ce cas, la majorité exigée
pour son adoption est des deux tiers, mais si elle est
réunie, l'autre Chambre ne peut le rejeter qu'à la
majorité des deux tiers. La Chambre de renvoi se
contente-t-elle de modifier le projet qui lui est
adressé? Ou les modifications sont ratifiées par la
Chambre d'origine, et alors le projet est soumis à la
sanction présidentielle; ou elles sont repoussées : le
projet fait alors retour à la Chambre qui avait été
saisie la seconde, et les modifications doivent réunir
les deux tiers des voix des membres présents pour
pouvoir être adoptées, mais si elles les réunissent,

elles ne peuvent être repoussées par la Chambre de renvoi qu'à la majorité des deux tiers des présents. Un projet rejeté ne peut être représenté avant la session ordinaire suivante.

Comme dans les autres Républiques parlementaires, les deux Chambres au Chili ont des attributions judiciaires. La Chambre basse peut accuser le Président de la République, les ministres, les conseillers d'État, les généraux, les membres de la Commission conservatrice, les intendants de province et les magistrats des cours supérieures de justice. Après avoir déclaré qu'il y a lieu d'admettre la proposition d'accusation, la Chambre en confie l'examen à une commission de six membres tirés au sort, sorte de jury parlementaire d'accusation. Si, à la suite du rapport, les poursuites sont décidées, deux membres sont désignés par la Chambre pour soutenir l'accusation devant le Sénat, qui juge.

Fonctions
judiciaires.

Les différences entre les deux Chambres, nous devrions dire les dissemblances, portent sur des points secondaires.

. La Chambre haute se compose de membres élus par provinces dans la proportion de 1 sénateur pour 5 députés; il est ajouté 1 sénateur pour 2 députés d'excédent. Il y a, au Chili, 25 provinces; les sénateurs doivent posséder 2000 piastres, soit 10 000 francs de revenu; ils doivent avoir trente-six ans d'âge et n'avoir jamais été condamnés pour délit. Le Sénat a certaines fonctions spéciales : il est appelé à approuver les décisions du Gouvernement dans certains cas prévus par la constitution. C'est à lui qu'il

Chambre haute.
Dispositions
spéciales.

appartient de ratifier les nominations d'archevêques
et d'évêques faites par le Président et de présenter
pour les dignités et prébendes des églises cathédrales.
Une réforme constitutionnelle, qui est devenue définitive en 1891, soumet aussi à l'approbation du Sénat,
ou en son absence à la Commission conservatrice, les
nominations de ministres plénipotentiaires du Chili à
l'étranger. Enfin une loi du 11 septembre 1896 a fait
du Sénat le tuteur des communes. C'est lui désormais
et non plus comme autrefois une assemblée d'électeurs qui autorise les emprunts municipaux. Les
membres du Sénat sont élus pour six ans et le Sénat
se renouvelle par moitié tous les trois ans.

Chambre basse.
Dispositions
péciales.

La Chambre basse se compose de députés élus par
les départements (et les départements qui correspon-
dent à nos sous-préfectures sont au nombre de 74), à
raison de 1 par 30 000 habitants et 1 en plus par fraction de 15 000 en plus. Chaque député doit avoir un
revenu de 500 piastres ou 2500 francs. Les députés
sont élus pour trois ans et la Chambre se renouvelle
intégralement.

Réforme
parlementaire
de 1888.

La loi du 9 août 1888 a fixé le nombre des sénateurs à 32 et celui des députés à 94. Ces nombres
étaient autrefois respectivement de 45 et de 126
titulaires, 22 et 69 suppléants. La nouvelle loi décide
qu'il n'y aura plus de suppléants, que les députés
ou sénateurs qui cesseront de faire partie d'une
Chambre avant la dernière année de son mandat
seront remplacés immédiatement pour le temps
qui reste à courir. Elle frappe d'inéligibilité jusqu'au premier renouvellement de la Chambre le

député, jusqu'à la fin de la première période de trois ans le sénateur, qui auraient perdu leur siège en acceptant une fonction incompatible avec le mandat législatif.

La loi nouvelle décide aussi que les provinces ou départements qui n'auraient à élire qu'un sénateur ou un député seraient groupés avec une province ou un département voisin de façon à permettre le vote accumulé. Le Président Balmaceda, dès cette époque en difficulté avec le Congrès, s'opposa d'abord à cette loi. Elle violait, prétendait-il, l'article de la constitution qui assurait à chaque province et à chaque département au moins un député. Il finit cependant par la sanctionner.

Les deux Chambres, en principe, siègent séparément. Elles occupent néanmoins, comme les deux Chambres anglaises, le même palais. Elles se réunissent en séance plénière dans certaines circonstances. C'est en séance plénière publique que le Président de la République fait l'ouverture des Chambres et lit le message présidentiel. La salle où a lieu cette solennité est au centre du palais. C'est dans une séance plénière publique tenue dans la salle du Sénat, sous la présidence du président de la Chambre haute, que le Congrès procède au dépouillement du scrutin présidentiel, et, si aucun candidat n'a réuni la majorité absolue, à l'élection du chef de l'État, parmi les deux candidats qui ont obtenu le plus de voix.

Telle est l'organisation des Assemblées de la seule République parlementaire qui ait assigné une origine identique aux deux Chambres. Cette homogénéité du

Réunions plénières.

corps électoral appelé à nommer les membres des
deux Assemblées faillit passer dans nos lois constitutionnelles de 1875; l'élection du Sénat au suffrage
universel fut même un instant votée par l'Assemblée
nationale, qui comptait parmi ses membres les plus
modérés de nombreux partisans de ce système. On
sait qu'elle a été aussi, jusqu'à la revision de 1893,
l'originalité la plus caractéristique de la constitution
belge. Et, à ce propos, il est difficile de ne pas être
frappé de l'affinité étroite qui rapproche, à travers
l'immensité qui les sépare, le Chili et la Belgique.
L'identité de confession : ils sont catholiques tous
deux; l'identité d'organisation : ils vivent tous deux
sous le régime parlementaire; la contemporanéité
des constitutions : la constitution belge date de
1831, la constitution chilienne de 1833; une certaine concordance de tempérament : les voyageurs
dépeignent les Chiliens comme doués surtout d'un
esprit réfléchi, et cette pondération intellectuelle n'est-
elle pas le trait distinctif de nos voisins du Nord?
tout cela explique peut-être l'air de famille que présentent les deux peuples; quoi qu'il en soit, cette conformité de tendances se trahit jusque dans les détails.
On sait que la Belgique a été une des premières à
perfectionner l'organisation du vote, en faisant procéder à un appel des électeurs, en installant des cou-
loirs et des boxes qui assurent le secret du bulletin
individuel, comme elle a été une des premières à introduire, au moins pour l'élection au Sénat, le principe
de la représentation proportionnelle. Le Chili l'avait
suivi ou précédé : la loi de 1890 avait admis l'appel

des électeurs, l'installation de cabinets pour la préparation des bulletins, et introduit le système du vote
accumulé, mode de représentation proportionnelle
préconisé par Prévost Paradol. La loi de 1890 a été
remplacée par la loi électorale du 15 janvier 1894, que
complète la loi du 18 février 1896 sur la sincérité des
votes; cette identité de procédés électoraux demeure
comme un vivant témoignage de la conformité du génie
de deux peuples de races différentes et placés presque
aux antipodes l'un de l'autre, et qui se rencontrent
encore en ce point d'avoir pratiqué pendant plus d'un
demi-siècle avec une régularité constante, sous des
formes de gouvernement extérieurement diverses, les
institutions constitutionnelles.

L'ASSEMBLÉE UNIQUE.

Un seul État, la République dominicaine, a une Assemblée unique. Encore l'unité d'Assemblée n'a-t-elle pas toujours existé dans ce pays. La constitution du 14 novembre 1865 qui faisait de la République dominicaine la fédération de cinq États ayant leur législature distincte (Santo Domingo, Azua de Compostela, Santa Cruz de Seybo, Santiago de los Caballeros, Concepcion de la Vega) instituait deux Assemblées, un Conseil conservateur de 12 membres et un Tribunat de 15 membres. La constitution du 20 juin 1896, qui organise une République unitaire, n'admet qu'une seule Assemblée, le Congrès, et, à vrai dire, si l'on remarque que la Dominicanie pour une étendue équivalente à celle de six à huit de nos départements ne possède, d'après les évaluations les plus favorables, qu'environ six cent mille habitants, c'est-à-dire à peu près la population d'un département français important, on ne sera pas étonné qu'une seule Chambre suffise à constituer le Conseil national.

Dénomination et composition.

Cette Chambre se nomme le Congrès. Elle se compose de 24 membres, deux pour chacune des six provinces, deux pour chacun des districts maritimes qui ne sont que des provinces du littoral. On élit en même temps que les titulaires un nombre égal de suppléants destinés à les remplacer en cas de mort, de démission ou de déchéance.

Sont inéligibles le Président et le Vice-Président de la République, les secrétaires d'État, les membres de la Cour suprême, les gouverneurs de province ou de district.

Le mandat de député est incompatible avec toute autre fonction publique même non salariée.

Est éligible tout citoyen jouissant de ses droits civils et politiques, âgé de vingt et un ans, ayant au moins un an de domicile dans la province ou le district.

Le droit de suffrage est accordé en Dominicanie plus tôt que partout ailleurs. Est électeur tout citoyen marié ou majeur de dix-huit ans.

Le suffrage est à deux degrés. Les assemblées sont les mêmes que pour l'élection du Président et du Vice-Président de la République. Elles se tiennent au mois de novembre qui précède l'expiration d'une période constitutionnelle. Elles peuvent être convoquées extraordinairement. Les assemblées primaires se réunissent de plein droit le 1er novembre dans chaque commune sur un avis adressé à leurs membres le 1er octobre. Elles se composent de tous les citoyens mariés ou majeurs de dix-huit ans domiciliés dans la commune. Elles élisent les délégués qui doivent former les collèges électoraux. Pour pouvoir être délégué il faut avoir vingt et un ans ou être marié, être domicilié dans la province ou le district où a lieu l'élection, savoir lire et écrire. Les collèges électoraux de chaque

Inégibilité et incompatibilité.

Éligibilité.

Électorat.

Mode de vote.

province ou district se réunissent de plein droit le 27 novembre au chef-lieu. Le nombre total des délégués pour toute la République n'excède pas 614. Les collèges électoraux élisent les députés titulaires et suppléants comme ils élisent le Président et le Vice-Président de la République, au scrutin secret et à la majorité absolue.

Immunités parlementaires. Les députés échappent à toute responsabilité à raison de leurs discours ou de leurs votes dans l'accomplissement de leurs fonctions. Les députés ne peuvent être arrêtés ni poursuivis pendant les sessions qu'avec l'autorisation du Congrès et encore seulement si une peine afflictive est encourue. Si le fait est passible d'une autre peine, le député ne peut être arrêté qu'en vertu d'une décision définitive et en dernier ressort.

Siège. Le Congrès siège dans la capitale, Santo Domingo. Mais, en cas de nécessité, des sessions extraordinaires peuvent être tenues sur n'importe quel point du territoire.

Sessions Le Congrès se réunit de plein droit le 27 février, jour de la fête de l'indépendance et anniversaire de celui où, en 1844, l'ancienne colonie espagnole soulevée par Don Pablo Duarte fit scission d'avec le reste d'Haïti et se constitua en État séparé. La session dure quatre-vingt-dix jours et peut être prorogée de trente jours. Il peut être tenu des sessions extraordinaires.

Durée des pouvoirs et mode de renouvellement. Le Congrès est élu pour quatre ans et se renouvelle intégralement.

Il est constitué par la présence des deux tiers des membres. D'ailleurs, la majorité des deux tiers des membres présents est exigée pour toutes les décisions importantes.

Au point de vue législatif, nous avons vu que le Congrès partage l'initiative des lois, non seulement avec le pouvoir exécutif mais aussi, en matière judiciaire du moins, avec la Cour suprême. Les projets de lois sont soumis à la prise en considération et à trois délibérations séparées au moins par un jour d'intervalle. Le Congrès peut déclarer l'urgence, mais cette déclaration n'a d'autre effet que de permettre de discuter le projet en trois séances consécutives. Tout projet qui n'a pas été pris en considération ne peut être représenté au cours de la même session.

La constitution donne de judicieuses prescriptions au Congrès relativement aux lois qu'il doit voter : c'est ainsi qu'elle lui interdit de voter des lois contraires à la lettre ou à l'esprit de la constitution, disposition qui semble malheureusement sans sanction, la Cour suprême n'étant pas investie du droit de refuser toute efficacité aux lois inconstitutionnelles. C'est ainsi encore qu'elle prescrit au Congrès quand il réforme une loi, sauf s'il s'agit de dispositions à insérer dans un code, de ne pas se borner à édicter des articles nouveaux, mais d'insérer dans la loi nouvelle le texte intégral de la loi ancienne. C'est au Congrès — la constitution le porte expressément — qu'il appartient exclusivement d'interpréter les lois.

Le Congrès vote le budget, les impôts, les emprunts. Il approuve les comptes de la dette publique qui lui sont présentés chaque année ; cette dette, à en croire Reclus, n'excède pas le montant de trois années du

Fonctions législatives.

Fonctions financières.

revenu national; le budget de l'année suivante, les comptes de la dernière année doivent être présentés au Congrès dans les huit jours de l'ouverture de la session. Ces comptes doivent être accompagnés du mémoire dans lequel la Chambre des comptes indique les résultats de son examen de la gestion. La Chambre des comptes se compose de cinq membres élus pour quatre ans par le Congrès.

Fonctions judiciaires.

Le Congrès peut mettre en accusation le Président et le Vice-Président de la République et les secrétaires d'État. Il peut mettre en accusation ses propres membres pour crimes contre la sûreté de l'État. Président, Vice-Président de la République et secrétaires d'État sont jugés par la Cour suprême. Il n'en est pas de même, ce semble, pour les membres du Congrès qui sont justiciables des tribunaux ordinaires, et la disposition qui les concerne ne fait que rappeler, en la bornant aux crimes contre la sûreté de l'État, celle qui transforme chacune des Chambres haïtiennes en chambre d'accusation pour ses membres inculpés de crime.

Attributions particulières.

Nous avons pu observer que, fréquemment, chacune des Chambres avait certaines fonctions spéciales qui constituaient son domaine propre. Ces fonctions se trouvent rassemblées dans la Chambre unique de la République dominicaine. Comme le Sénat venezuelien, c'est elle qui autorise les citoyens à accepter des fonctions d'un Gouvernement étranger. Comme le Sénat chilien, elle a une influence sur la nomination des hauts dignitaires ecclésiastiques. Elle dresse, à chaque vacance épiscopale, une liste de trois candidats ecclésiastiques, Dominicains de naissance ou d'origine et résidant sur le territoire de la République, que le Président transmet à Rome et sur laquelle le Saint-Siège choisit le nouveau titulaire. Elle élit les membres de la Cour suprême et les juges de première instance sur les listes d'éligibilité dressées par les collèges électoraux. On se rappelle qu'au Venezuela le Congrès choisit les membres de la Haute Cour fédérale sur des listes de présentation.

Le Congrès a encore d'autres fonctions que nous ne voyons pas, en général, attribuer aux Assemblées.

C'est lui qui statue sur le contentieux administratif; pendant l'intervalle des sessions, il est suppléé dans cette fonction par la Cour suprême. C'est lui qui tranche souverainement les conflits qui peuvent s'élever entre deux ou plusieurs provinces et districts, entre les provinces et districts d'une part et des communes de l'autre, entre les gouverneurs et les conseils municipaux, ou enfin entre deux conseils municipaux.

C'est lui qui aussi administre directement les provinces et les districts : de même que les Congrès du Chili et du Venezuela gèrent directement les territoires jusqu'à ce qu'ils aient été érigés en provinces ou en États, de même le Congrès dominicain gère directement les provinces et districts : il faut une loi spéciale pour doter une province ou un district d'une assemblée représentative; jusqu'à ce qu'une pareille loi intervienne, c'est le Congrès qui s'occupe des affaires que nous qualifierions de départementales, et qui correspond avec les cinquante communes et les

huit cantons — les cantons semblent les circonscriptions rurales comme les districts sont les provinces maritimes — entre lesquels se subdivise la
République.

Dans cet État en miniature, le Congrès se trouve
ainsi remplir, tour à tour, les fonctions attribuées à
chacune des deux Chambres, à leur ensemble ou à
leur réunion plénière.

CHAPITRE III

LES COURS SOUVERAINES

I

LES COURS SOUVERAINES HÉTÉROGÈNES.

On ne s'étonnera pas de nous voir étudier ici les
Cours souveraines. Sans doute les Cours souveraines,
ou du moins la Cour de cassation, ne sont pas nom-
mées, dans nos lois constitutionnelles; mais d'un
côté, dans toutes les constitutions autres que celle
de la France, les Cours souveraines judiciaires sont
ou organisées ou tout au moins mentionnées dans la
constitution, et il en était ainsi chez nous dans
les constitutions de 1791, de l'an III, de l'an VIII;
de l'autre, nous n'étudions pas exclusivement les
règles qui se trouvent classées sous la rubrique de dispositions constitutionnelles, nous étudions le régime
dans son ensemble, les Républiques parlementaires
dans leurs organes et leurs fonctions. Or il est indé-
niable que les Cours souveraines sont un des éléments les plus importants du régime, un des rouages
les plus considérables de l'État. D'ailleurs ces Cours
souveraines présentent le même mélange d'attribu-

lions de divers ordres que nous avons déjà rencontré dans le Gouvernement et les Assemblées.

Nous avons vu que dans la plupart des Républiques parlementaires la Cour souveraine criminelle se confondait avec le Sénat et que la Chambre haute était en même temps Haute Cour; mais à côté de cette Cour souveraine, et indépendamment des Cours souveraines spéciales, telles que le Conseil d'État, la Cour des comptes, les Conseils de revision des armées de terre et de mer, il existe une autre Cour souveraine exclusivement judiciaire, placée au sommet de la magistrature.

Telle est l'organisation que nous trouvons en vigueur en France, au Chili et à Haïti.

Mais on rencontre deux autres formes de Cour souveraine : les Cours souveraines homogènes, toutes deux judiciaires, telle est l'organisation du Venezuela; la Cour souveraine unique, c'est le régime de Saint-Domingue.

Il y a, on le voit, correspondance parfaite, parallélisme exact entre les Cours souveraines et les Assemblées politiques, et même c'est là où nous trouvons une Chambre unique que nous rencontrons aussi une seule Cour souveraine.

Nous étudierons successivement les Cours souveraines hétérogènes, les Cours souveraines homogènes, et la Cour souveraine unique.

Haute Cour de justice.

L'étude des Cours souveraines hétérogènes est d'ailleurs bien simplifiée par notre étude précédente. En France, au Chili, à Haïti, il y a deux Cours souveraines, une Haute Cour de justice, et une Cour suprême : mais si la seconde est un corps judiciaire, la première est constituée par la chambre haute du Parlement. Il nous suffit donc pour la Cour souveraine parlementaire de nous référer à ce que nous avons dit des attributions judiciaires du Parlement.

Ces attributions judiciaires qui permettent à la chambre haute de prononcer la destitution d'un ministre et de l'exclure pour cinq ans des fonctions publiques — ce sont les seuls droits qu'elle possède au Chili et à Haïti —, sont d'ailleurs presque une nécessité dans le régime parlementaire : ce n'est que de cette façon que peuvent se trancher les conflits entre la chambre basse blâmant les ministres et le Président s'obstinant à les maintenir : le Sénat départage les deux parties, et une pareille mission est particulièrement indispensable là où, comme à Haïti et au Chili, le Président n'est pas investi d'un droit de dissolution.

Cette nécessité est d'ailleurs si bien sentie qu'au Venezuela, où les chambres n'ont aucune attribution judiciaire, on a attaché au blâme de la chambre basse le même effet que pourrait avoir dans les autres pays toute une procédure suivie devant la chambre haute, la destitution du ministre blâmé.

Il n'est pas enfin jusqu'à la République dominicaine où l'on ne rencontre l'adaptation des mêmes principes. Si l'on remarque que la Cour suprême est élue pour quatre ans comme le Congrès lui-même, qu'elle est élue par le Congrès, comme le Sénat haïtien par la chambre des communes, sur des listes de présentation ou d'aptitude, qu'elle est en définitive instituée par le Congrès, comment n'y pas voir un corps politique autant que judiciaire et prédisposé par son origine même à se faire le défenseur des prérogatives des Congrès.

Cour souveraine judiciaire. Nous n'avons donc à étudier que la Cour souveraine judiciaire.

Dénomination. La Cour souveraine judiciaire porte en France le nom de Cour de cassation, au Chili le nom de Cour suprême, à Haïti le nom de Tribunal de cassation.

Caractère. La Cour de cassation fut instituée en France par la loi du 27 novembre-1er décembre 1790, sous le nom de Tribunal de cassation ; c'est du sénatus-consulte du 28 floréal an XII qu'elle reçut le titre de Cour. On voulait, en l'établissant, instituer, suivant le mot de Thouret, « une Cour suprême de revision, qui maintenant l'exécution de la loi et la forme de la procédure, devait remplacer le Conseil des parties, dont la composition avait été calculée pour d'autres temps et pour un autre régime ».

On voulait ainsi rattacher plus étroitement les diverses portions de la France qui, suivant le mot de Mirabeau, sous l'action des lois nouvelles, prenait insensiblement la forme d'une vaste confédération. « Il y a deux motifs principaux, disait Barnave, pour l'établissement d'une Cour de cassation : premièrement, employer les moyens les plus propres à lier entre elles les parties politiques de l'Empire et prévenir une division, qui conduirait au Gouvernement fédératif; secondement, maintenir l'unité de législation et prévenir la diversité de jurisprudence. La

nécessité de ce tribunal suprême est démontrée poli-
tiquement et judiciairement. »

Chose curieuse! Robespierre, qui reconnaissait la
nécessité de maintenir l'unité dans l'interprétation des
lois, proposait de confier cette mission au Corps
législatif ou à une commission formée dans son sein
Ainsi que le fait observer M. l'avocat général Reynaud
dans son *discours de rentrée* de 1891 *sur l'Assemblée
constituante et le Tribunal de cassation*, la proposition
n'était pas aussi étrange qu'elle peut le paraître. Sous
l'ancien régime, c'était le Roi, dans le Conseil des
parties, qui statuait sur l'interprétation des ordonnances qu'il avait faites. L'Assemblée nationale héri-
tait des attributions législatives de la Royauté; il eût
été assez naturel qu'un de ses comités héritât des
attributions du Conseil des parties. Ce système fut
repoussé, et l'on créa un corps indépendant comme
régulateur de la jurisprudence. Si l'on avait institué
un Sénat, nul doute, ainsi que le dit M. l'avocat
général Reynaud, qu'on ne lui eût confié cette fonction coordinatrice.

« Gardien de la loi, conservateur des propriétés,
lien des tribunaux d'appel », suivant l'expression de
Merlin, qui devait en être un des premier procureurs
généraux, « ce grand corps a reçu, dit M. de Royer
dans son discours de rentrée de 1851 sur *l'Origine et
l'Autorité de la Cour de cassation*, le pouvoir de casser
les jugements qui ont violé la loi, de réprimer les
excès de pouvoir du magistrat, de maintenir l'ordre
des juridictions et de fonder, dans la mesure que
comportent les décisions des hommes, l'unité de la

jurisprudence à côté de l'unité de la législation. »

Cette mission est aussi la mission confiée par la constitution haïtienne au Tribunal de cassation organisé par la constitution de 1889.

Plus large paraît la conception de la Cour suprême chilienne. « Il y aura dans la République, porte l'article 104 de la constitution, une magistrature chargée de la surintendance directrice disciplinaire et économique de tous les tribunaux et juges de la nation, conformément à la loi déterminant son organisation et ses attributions. »

Composition.

En France, la Cour de cassation se compose de 45 membres ou conseillers, — c'est le nom que portent les membres depuis la loi du 28 avril 1810. Il y a en outre un premier président et trois présidents. Il y a auprès de la Cour de cassation un procureur général et six avocats généraux, un greffier en chef et six commis greffiers assermentés ; à Haïti, il existe, auprès du Tribunal de cassation, un ministère public ; au Chili, le ministère public près la Cour suprême est représenté par deux fiscaux indépendants l'un de l'autre.

Conditions
d'aptitude.

En France, pour être membre de la Cour de cassation ou membre du parquet de cette Cour, il faut être licencié en droit, âgé de trente ans, et avoir fait au moins deux ans de stage dans un barreau ; le greffier en chef et les commis greffiers doivent être licenciés en droit ; l'un doit avoir vingt-sept ans, les autres vingt-cinq ans.

A Haïti, pour être membre du Tribunal de cassation, officier du ministère public, auprès de lui, il faut être âgé de trente ans, et avoir satisfait aux conditions générales exigées des magistrats.

Au Chili, pour pouvoir être membre de la Cour suprême, il faut être citoyen naturel ou légal, être âgé de trente-six ans et être avocat, et, en outre, avoir rempli des fonctions judiciaires pendant un temps d'autant plus long que les fonctions sont moins élevées, avoir été deux ans membre d'une Cour d'appel, quatre ans juge dans un chef-lieu de Cour d'appel, six ans juge dans une capitale de province, huit ans juge de département, (le département, on se le rappelle, correspond au Chili à nos arrondissements français), quinze ans avocat ou titulaire de fonctions judiciaires autres que les précédentes. Les fonctions de rapporteur, promoteur fiscal, défenseur public auprès des diverses juridictions, sont considérées comme équivalentes à celles de juge de ces mêmes juridictions.

En France, les membres de la Cour de cassation sont nommés par le Président de la République, qui désigne aussi le procureur général et les avocats généraux. Le greffier en chef est investi d'une fonction érigée en titre d'office et jouit du droit de présenter son successeur. Il nomme, avec l'agrément de la Cour, les commis greffiers.

Mode de nomination.

A Haïti, aux termes de la constitution, les membres du Tribunal de cassation sont nommés par le Président de la République, suivant un ordre de candidature déterminé par la loi.

Au Chili, le mode de choix des membres de la Cour suprême est réglé par la loi du 19 janvier 1889 sur la nomination des juges. La procédure ne laisse pas d'être fort compliquée.

Le 2 mars de chaque année se réunit, dans la salle du conseil de la Cour suprême, le comité qui est chargé de dresser les listes d'aptitude. Ce comité — que la loi appelle tribunal — se compose du président de la Cour suprême, des présidents de toutes les Cours d'appel et de toutes les chambres de la Cour d'appel de Santiago. Il dresse cinq listes d'aptitude, une pour la Cour suprême, une pour les Cours d'appel, une pour les juges de chef-lieu de Cours d'appel, une pour les juges de chef-lieu de province, une pour les juges de chef-lieu de département.

La liste des membres ou fiscaux pour la Cour suprême contient trente noms : on considère encore comme inscrits les membres du comité de classement.

Les listes doivent être dressées pour le 6 mars, et publiées au *Journal officiel*, avec indication, pour chaque candidat, de la date d'admission au barreau et des fonctions judiciaires remplies.

Quand il s'agit de pourvoir à un poste de membre ou de fiscal de la Cour suprême, celle-ci forme une liste de dix noms pris parmi les candidats de la liste annuelle, et l'adresse au Conseil d'État. Sur cette liste de proposition, le Conseil d'État dresse une nouvelle liste de trois noms entre lesquels le Président de la République doit choisir.

On voit, dans un pareil système, combien restreinte se trouve la liberté d'élection du chef de l'État.

Incompatibilités. En France, les fonctions de membre de la Cour de cassation sont incompatibles avec toutes autres fonc-

tions judiciaires et aussi avec toute fonction administrative proprement dite. Elles sont compatibles avec
les fonctions locales électives telles que celles de
conseiller général, conseiller d'arrondissement, conseiller municipal. Elles sont incompatibles avec celles
de membre du Parlement. Par exception, les fonctions
de premier président et de procureur général sont
compatibles avec le mandat de député et de sénateur.
Les parents ou alliés, jusqu'au degré d'oncle et de
neveu inclusivement, ne peuvent, sans dispense, être
ensemble membres de la Cour de cassation, soit
comme conseillers, soit comme officiers du ministère public.

Au Chili, comme nous l'avons vu, les fonctions de
membres de la Cour suprême comme les autres fonctions judiciaires sont incompatibles avec celles de
membres du Congrès, et, à Haïti, les fonctions de
membre du Tribunal de cassation sont incompatibles avec toutes autres fonctions.

On peut remarquer que, à la différence des magistrats des Cours d'appel et des tribunaux de première
instance, les magistrats de la Cour de cassation peuvent, en France, être partout élus sénateurs ou
députés, bien qu'ils aient la métropole et les colonies
dans leur juridiction ; l'étendue même du ressort rend
leur influence diffuse et laisse par conséquent aux
électeurs une liberté suffisante. A Haïti, les membres
du Tribunal de cassation ne sont point non plus frappés d'inéligibilité. Au contraire, au Chili, les membres de la Cour suprême, comme les autres magistrats,
sont inéligibles au Congrès.

Incapacités
attachées
aux fonctions.

Traitement.

En France, le premier président et le procureur général reçoivent 50000 francs par an, les présidents de chambre 25000, les conseillers et avocats généraux 18000. Le greffier touche par abonnement pour lui et les quatre commis assermentés, appointés chacun à 5000 francs, 50000 francs. Nous ignorons les traitements des magistrats de la Cour suprême, à Haïti et au Chili.

Serment.

En France, les membres de la Cour de cassation doivent prêter serment devant la Cour, lors de leur nomination.

Siège.

À la Constituante, un membre, Mongins de Roquefort, avait proposé de faire du Tribunal de cassation une juridiction ambulante. Sur les observations de Garat, il fut décidé que la Cour suprême, c'était le nom sous laquelle Tronchet désignait la nouvelle institution, serait sédentaire. La Cour de cassation siège à Paris, au Palais de justice, qu'elle partage avec la Cour d'appel de Paris et le tribunal de la Seine. Une loi du 9 décembre 1899 est venue ratifier une convention réglant la copropriété de l'antique palais indivis entre l'État et le département de la Seine et mettre fin à un litige séculaire. Pendant la guerre et la commune une section temporaire siégea successivement à Tours, à Poitiers, à Pau et à Versailles, pour statuer sur les affaires de province. Le Tribunal de cassation haïtien a, en vertu de la constitution, son siège dans la capitale; la Cour suprême chilienne a son siège à Santiago.

La Cour de cassation est permanente; elle prend ses vacances du 15 août au 15 octobre. Mais, durant

cet intervalle, la chambre criminelle continue de siéger;
elle statue sur les pourvois en matière pénale et elle
sert de chambres des vacations pour les affaires
urgentes, c'est-à-dire les demandes en règlements de
juges, en renvoi pour cause de suspicion légitime, les
pourvois dans l'intérêt de la loi, enfin les demandes
en restitution contre un arrêt rendu par défaut par la
chambre civile lorsque le délai pour intenter cette
action doit expirer avant la fin des vacances.

Le Tribunal de cassation haïtien, la Cour suprême
du Chili sont également permanents.

La Cour de cassation est divisée en trois chambres :   Organisation
chambre des requêtes, chambre civile, chambre criminelle.

La chambre des requêtes, transformation de l'ancien bureau des requêtes du Conseil des parties, est
chargée de statuer sur l'admissibilité des pourvois
ou des prises à partie. Le demandeur est seul représenté devant elle. La chambre des requêtes est donc
une juridiction éliminatoire. Aussi a-t-on souvent
proposé de la supprimer et de permettre de porter
immédiatement les pourvois devant la chambre civile
qui serait dédoublée en deux chambres ayant chacune compétence spéciale pour certaines catégories
d'affaires. Deux fois notamment, en 1849 et en 1895,
le projet de suppression a pris corps et provoqué
des observations présentées au nom de la Cour, en
1849 par M. Troplong, en 1895 par M. Mazeau. On a
fait observer que cette suppression aboutirait à un
encombrement de la chambre ou des chambres
civiles, et qu'il en résulterait une modification dans

la nature de l'institution qui deviendrait une sorte de troisième degré de juridiction. Le principal avantage de la chambre des requêtes, c'est qu'elle assure la fixité de la jurisprudence : elle sert pour ainsi parler de brise-lame. Elle empêche des pourvois contraires à de précédents arrêts de parvenir jusqu'à la chambre civile, et, en y arrachant un arrêt de surprise ou de sentiment, d'entraîner de capricieux revirements de jurisprudence.

La chambre civile statue sur les pourvois en cassation ou sur les prises à partie admis par la chambre des requêtes. Elle est directement saisie des pourvois en matière d'expropriation pour cause d'utilité publique, des pourvois en matière électorale, et des pourvois formés dans l'intérêt de la loi par le procureur général, qui sont dispensés du préliminaire de la chambre des requêtes.

La chambre criminelle statue directement sur les demandes en cassation formées en matière criminelle, correctionnelle, et de simple police. Elle est saisie aussi des demandes en revision des procès criminels qu'elle instruit ou qu'elle juge.

La Cour de cassation se réunit en séance plénière, pour statuer sur les pourvois, « lorsque, porte la loi de 1857, après une première cassation d'une décision judiciaire, le second arrêt ou jugement rendu dans la même affaire entre les mêmes parties procédant en la même qualité est attaqué en cassation par les mêmes moyens ». L'assemblée des chambres réunies est provoquée par la chambre civile ou la chambre criminelle après constatation des conditions dans lesquelles le pourvoi se présente. La Cour de cassation se réunit encore en séance plénière pour juger les demandes en revision instruites par la chambre criminelle, ou quand elle siège comme Conseil supérieur de la magistrature.

Ajoutons que, comme le rappellent MM. Rau, Falcimaigne et Gault dans leur nouvelle édition du *Cours de droit civil* d'Aubry et Rau, les chambres réunies de la Cour de cassation ont été constituées en tribunal arbitral pour statuer, aux mois de juillet et d'août 1880, sur le différend entre la France et la République de Nicaragua.

A Haïti, le Tribunal de cassation est constitutionnellement divisé en deux sections au moins. Mais il tient aussi des audiences plénières, d'une part pour statuer sur le fond d'une affaire non soumise au jury lorsqu'elle se présente sur un second recours entre les mêmes parties, d'autre part pour statuer sur la forfaiture d'un juge ou d'un membre du ministère public : une section du Tribunal de cassation sert en ce cas de chambre d'accusation.

Au Chili, la Cour suprême a été divisée par la loi du 19 janvier 1889 en deux chambres qui ne sont en réalité que deux bureaux mensuellement renouvelés. Ses membres sont en effet répartis chaque mois entre les deux chambres au moyen d'un tirage au sort fait, en audience publique, le dernier jour utile de chaque mois. Les chambres ne s'occupent que des affaires dites *causas de hacienda*, c'est-à-dire dans lesquelles l'État est intéressé. Transitoirement, ce sont ces chambres qui ont été chargées de terminer les affaires criminelles encore pendantes de la province de Santiago, affaires dont la connaissance avait été conférée à la Cour suprême par une loi de 1855, et qui sont désormais attribuées à la Cour d'appel de Santiago. Les décisions préparatoires et l'audience publique appartiennent à la chambre où siège le président de la Cour.

Durée des fonctions. En France, les membres de la Cour de cassation sont inamovibles. Ils ne peuvent être mis à la retraite qu'à l'âge de soixante-quinze ans ou pour infirmités graves et sur l'avis de la Cour de cassation constituée en Conseil supérieur de la magistrature. Les membres du ministère public sont révocables. Il n'y a pas pour eux de limite d'âge. C'est ainsi que M. Renouard, qui avait dû quitter, comme conseiller, la Cour de cassation en 1869, atteint par la limite d'âge, put y rentrer en 1871 comme procureur général, fonctions qu'il n'abandonna qu'en 1877, à l'âge de quatre-vingt-trois ans.

À Haïti, les membres du Tribunal de cassation sont inamovibles, comme les juges d'appel et de première instance; ils peuvent être mis à la retraite à soixante-dix ans, ou à tout âge, en cas d'infirmités graves et permanentes dûment constatées; mais les officiers du ministère public devant le Tribunal de cassation peuvent être révoqués librement.

Au Chili, au contraire, les fiscaux de la Cour suprême, comme des autres juridictions, participent de la même inamovibilité que les juges.

Attributions. La Cour de cassation a chez nous des attributions de trois ordres : judiciaires, législatives, disciplinaires

Au point de vue judiciaire, la Cour de cassation a
des attributions multiples. Elle statue sur les demandes en renvoi pour cause de suspicion légitime. Elle statue sur les prises à partie dirigées contre une Cour d'appel, une section de Cour d'appel ou des membres de la Cour de cassation.

Elle statue sur les conflits de juridiction qui viennent à s'élever entre juridictions n'ayant pas de commun supérieur, Cours d'appel ou tribunaux ressortissant à des Cours d'appel différentes. Les conflits d'attributions entre les pouvoirs judiciaire et administratif sont tranchés par une juridiction mi-partie composée de membres de la Cour de cassation et du Conseil d'État, le Tribunal des conflits.

Elle statue sur la demande en revision des procès criminels. C'est la chambre criminelle qui est saisie de la demande en revision : aux termes de la loi du 1er mars 1899, votée malgré les énergiques protestations de M. Waldeck-Rousseau, ou l'affaire est en état et alors la chambre statue; peut-il être procédé à de nouveaux débats contradictoires, elle annule la décision et renvoie devant un autre tribunal que celui qui avait été saisi; de nouveaux débats sont-ils impossibles, elle statue au fond, annule les condamnations injustement prononcées et décharge, s'il y a lieu, la mémoire des morts; ou l'affaire n'est pas en état, et alors la chambre criminelle n'est plus qu'une juridiction d'instruction; elle procède, soit par elle-même, soit par commissions rogatoires, aux enquêtes nécessaires pour la manifestation de la vérité; mais ce sont les chambres réunies qui statuent sur l'admission de la demande en revision, renvoyant devant un autre tribunal ou retenant la connaissance des procès suivant la possibilité ou l'impossibilité de débats contradictoires. On remarquera que la Cour de cassation connaît des demandes en revision même des juridictions spéciales, des conseils de guerre : de la sorte, pour les affaires de justice militaire, si c'est le Conseil de revision qui est Tribunal de cassation, c'est la Cour de cassation qui est Tribunal de revision.

Mais le principal office de la Cour de cassation n'est pas dans ces attributions diverses : il est dans l'examen des pourvois formés contre les décisions définitives en dernier ressort, pour violation de la loi, violation des formes prescrites à peine de nullité, incompétence et excès de pouvoir. Il est à remarquer qu'à la différence de la Cour suprême des États-Unis la Cour de cassation ne saurait refuser d'appliquer une loi dûment promulguée pour cause d'inconstitutionnalité. Telle est la doctrine unanimement admise; on la rattache au principe de la séparation des pouvoirs, mais elle n'est fondée sur aucun texte. On considère que c'est au pouvoir exécutif appelé à promulguer la loi qu'il appartient d'en vérifier la régularité. Mais la Cour de cassation, comme les autres tribunaux, a le droit de vérifier la légalité des décrets dont on lui demande de faire application. On se rappelle qu'en 1850 le tribunal de commerce de la Seine n'hésita pas à proclamer la nullité des Ordonnances comme contraires à la Charte.

La Cour de cassation étend sa juridiction sur tous les ordres de la hiérarchie judiciaire, Cours d'appel,

tribunaux de première instance, justices de paix,
tribunaux de commerce, conseils de prud'hommes.
Toutefois, les décisions des juges de paix ne peuvent
être attaquées devant la Cour de cassation que pour
excès de pouvoir. Les jugements des conseils de
guerre peuvent être déférés à la Cour de cassation
pour incompétence, les recours pour violation de la
loi devant être portés devant les Conseils de revision.

Il est une humble juridiction qui échappe, par sa
modestie et sa simplicité même, au contrôle de la
Cour de cassation. Ce sont les prud'hommes pêcheurs
de la Méditerranée, juridiction spéciale pour les délits
de pêche, siégeant à Marseille, et remontant, dit-on,
au roi René. « Qui croirait, disait M. Nicias Gaillard
à la Cour de cassation, le 19 juin 1847, qui croirait
qu'il existe en France une juridiction dont les membres, ni nommés ni institués par le Roi, peuvent
même n'être pas Français, une juridiction qui cumule
les fonctions administratives et les fonctions judiciaires, et dans l'ordre judiciaire le criminel et le
civil, qui juge sans forme ni figure de procès, même
sans écritures, et cela souverainement, qui quelque-
fois même exécute elle-même ses propres décisions? »
Le caractère oral des jugements de ce tribunal para-
doxal ne permet pas de les déférer à la Cour suprême,
dont toute la procédure suppose une décision écrite.

A l'autre extrémité de l'échelle des juridictions, la
Haute Cour de justice rend des arrêts qui échappent,
comme arrêts de Cour souveraine, au recours en cassation.

On s'est demandé si l'on pouvait se pourvoir contre

un arrêt de la Cour de cassation devant elle-même.

On ne peut se pourvoir devant la Cour de cassation contre un arrêt de rejet rendu par elle-même : une disposition d'une ordonnance de 1758, qui règle encore au civil la procédure devant la Cour de cassation, l'interdit ; on admet généralement que l'on ne peut se pourvoir devant la Cour de cassation contre un arrêt de cassation rendu par elle : avant la Révolution, on admettait un pareil pourvoi devant le Conseil des parties. En général, ce pourvoi n'aurait pas d'intérêt, puisque, la plupart du temps, la Cour de cassation, quand elle casse, renvoie devant une autre juridiction devant laquelle on peut débattre la question ; il pourrait cependant en présenter, en cas de cassation sans renvoi ou de seconde cassation.

Une loi de 1857 a réglé les effets du renvoi après une seconde cassation : appelée à maintenir l'unité de la jurisprudence, la Cour de cassation doit pouvoir vaincre les résistances des Cours d'appel. Il arrive qu'après une première cassation la juridiction de renvoi se prononce sur le point de droit dans le même sens que la juridiction dont la décision a été cassée. Si la Cour de cassation cassait de nouveau, la troisième juridiction pourrait continuer contre la Cour suprême une lutte qui risquerait de s'éterniser. La loi y a pourvu. Après divers tâtonnements, référé législatif facultatif après le second, obligatoire après le troisième pourvoi, attribution d'un caractère définitif à la décision de la troisième Cour de renvoi, le législateur, en 1837, a décidé que la Cour ou tribunal de renvoi, saisie après seconde

cassation par la Cour en chambres réunies, serait
tenue sur le point de droit de se conformer à la décision de la Cour suprême. La juridiction de renvoi
doit s'y conformer purement et simplement, et elle ne
saurait, dans ses motifs, réserver son opinion et déclarer qu'elle ne fait qu'enregistrer comme contrainte et
forcée une décision qui n'est pas la sienne. « Autrement, disait Dupin dans un de ses réquisitoires,
autrement l'unité de jurisprudence ne serait qu'un mot
vide de sens, puisque les Cours, en même temps
qu'elles déclareraient qu'elles se conforment à l'arrêt
de la Cour, s'arrogeraient le droit de discuter dans
les motifs de leurs arrêts cette décision, et de pro-
fesser une opinion diamétralement opposée. »

On s'est demandé si la décision de seconde cassation était une sorte de loi particulière et spéciale
ou un arrêt revêtu de l'autorité de la chose jugée. Ce
qui est certain, c'est que la décision n'est obligatoire
que pour l'affaire même dans laquelle elle est intervenue. Hors de là, elle n'a qu'une valeur doctrinale,
considérable, il est vrai, mais exclusivement doctrinale. Le plus souvent elle fixe la jurisprudence : c'est
ce qui est arrivé, dans la question des reprises de la
femme mariée, dans l'interprétation de la loi récente
sur les marchés à terme. Mais la Cour de cassation,
dépourvue de pouvoir législatif, ne saurait rendre
d'arrêt de règlement, ne saurait statuer pour l'avenir.
On ne peut guère citer qu'un document qui présente
une certaine affinité avec un arrêt de règlement, c'est
une note doctrinale sur les questions préjudicielles
délibérée en réunion plénière, le 5 novembre 1813, où

30

la Cour de cassation arrête les règles qui guideront sa jurisprudence dans cette délicate matière. Cette note, rédigée par M. le président Barris, a été publiée pour la première fois en entier, par M. Mangin, dans son *Traité de l'action publique et de l'action civile en matière criminelle*.

Les attributions du Tribunal de cassation, à Haïti, sont analogues à celles de notre Cour de cassation.

Comme chez nous le Tribunal de cassation connaît principalement des pourvois pour violation de la loi ou des formes prescrites à peine de nullité, incompétence ou excès de pouvoir. Une disposition de la constitution de 1889 interdit aux tribunaux haïtiens d'appliquer une loi inconstitutionnelle, et leur prescrit de n'appliquer les règlements généraux d'administration publique qu'autant qu'ils sont conformes aux lois.

A Haïti, le Tribunal de cassation étend sa juridiction sur tous les tribunaux correctionnels civils, commerciaux ou de paix. Mais le pourvoi contre les décisions civiles des juges de paix n'est admissible que pour incompétence ou excès de pouvoir. Ce n'est que pour incompétence qu'un pourvoi peut être formé contre la décision des Conseils militaires.

Le Tribunal de cassation connaît en premier et dernier ressort des prises à partie contre des juges ou des officiers du ministère public; il tranche les conflits de juridiction entre tribunaux ou entre juges de paix ressortissant à des tribunaux différents ou entre tribunaux civils ordinaires et juridictions d'exception; il statue sur les demandes en renvoi pour cause de suspicion légitime, et, enfin, il sert de tribunal des conflits pour résoudre les différends entre les juridictions administratives et judiciaires sur les limites de leurs domaines respectifs.

Le Tribunal ne connaît pas du fond des affaires. Cependant, aux termes de l'article 150 de la constitution, en toutes matières autres que celles qui sont soumises au jury, lorsque, sur un second pourvoi, une même affaire se présentera entre les mêmes parties, le Tribunal de cassation admettant le pourvoi ne prononcera pas de renvoi et jugera le fond, sections réunies.

On voit qu'à Haïti le système de notre loi de 1857 a été simplifié. Le pouvoir donné au Tribunal de cassation de retenir l'affaire a l'avantage de ne pas conférer à la Cour de cassation une autorité quasi législative dans une affaire particulière, de ne pas forcer la Cour ou le tribunal de renvoi à juger contre son avis, et assure cependant la victoire de la Cour supérieure et l'unité de la jurisprudence.

Au Chili, la Cour suprême a aussi pour mission principale de statuer sur les recours de nullité, c'est-à-dire les recours en cassation contre les décisions des Cours d'appel. Elle connaît aussi, aux termes de la loi du 20 janvier 1888, des recours pour violation de la loi et des formes contre les décisions rendues en seconde instance par la Cour des comptes. Elle a des attributions moins exclusives que la Cour française et le Tribunal haïtien de cassation. Elle statue comme juridiction de seconde instance sur les causes soumises en première instance aux Cours d'appel ou à l'un de ses propres membres, et aussi sur les affaires dans lesquelles l'État est intéressé et que l'on appelle *causas de hacienda*. Elle a, de 1855 à 1889, servi de cour criminelle pour le ressort de la Cour d'appel de Santiago.

Attributions
législatives. Cependant, en France, la Cour de cassation a des attributions législatives plus nettes que le pouvoir ambigu d'imposer dans une affaire son interprétation de la loi à la seconde juridiction de renvoi.

Au commencement du Consulat, on semblait avoir voulu en faire comme un comité de perfectionnement législatif; en effet l'article 86 de la loi du 27 ventôse an VIII lui prescrivait « d'envoyer chaque année une députation au Gouvernement pour lui indiquer les points sur lesquels l'expérience lui aura fait connaître les vices ou l'insuffisance de la législation ». Un arrêté des consuls, du 5 ventôse an X, régla la mise à exécution de cette disposition. Les consuls invitaient la Cour de cassation à porter spécialement son attention sur les moyens de prévenir les crimes, d'atteindre les coupables, de proportionner les peines et d'en rendre l'exemple le plus utile, de perfectionner les différents codes, de réformer les abus qui se seraient glissés dans l'exercice de la justice et d'établir dans les tribunaux la même discipline, tant à l'égard des juges qu'à l'égard des officiers ministériels.

Cette députation ne fut envoyée qu'une fois, le troisième jour complémentaire an XI. Locré, dans l'*Histoire des Codes* qui précède le vaste recueil des travaux préparatoires qui les ont élaborés, nous a donné une analyse des observations que présenta la Cour. Elles

portaient sur la mauvaise composition du jury et sur
la détermination par le législateur non seulement de
tous les délits mais encore de toutes les nuances de
délits, système auquel la Cour demandait qu'on sub-
stituât un maximum et un minimum entre lesquels
les juges auraient toute latitude de graduer la
peine.

Vingt ans plus tard, la Cour de cassation sembla se
rappeler la mission de dénonciatrice des imperfections législatives qui lui avait été confiée, et, le
20 mars 1825, elle nomma une commission chargée
de rechercher les vices de la législation qu'il impor-
tait le plus de signaler au Gouvernement. Cette mesure
ne semble pas avoir eu de suites. Il est toujours
délicat à un Corps, chargé de faire respecter la loi,
d'en publier les défauts et les faiblesses. Cette attribution, peu connue et tombée en désuétude, peut
être rapprochée de l'initiative que, comme nous
l'avons vu, la constitution dominicaine attribue à la
Cour suprême en matière judiciaire.

Si la Cour de cassation a négligé le rôle de provo-
catrice des réformes auquel le législateur l'avait con-
viée, elle a eu une influence plus considérable comme
pouvoir consultatif. Tous les projets de nos Codes lui
ont été soumis, et les observations qu'elle présenta
sur chacun d'eux attestent un travail considérable.
A propos du Code de procédure, elle avait rédigé tout
un livre préliminaire sur les actions, qui fut repoussé
comme trop théorique. C'est même après que le projet
de Code criminel — premier essai, qui embrassait à
la fois le Code pénal et le Code d'instruction crimi-

nelle — lui eut été soumis, que fut rendu l'arrêté du
5 ventôse an X. Elle a été plusieurs fois consultée à
l'occasion de projets de lois importants, et ses observations ont été résumées dans de remarquables rapports tels que ceux de M. Monod sur le projet de réforme de la loi sur les sociétés (1880) et de M. Falcimaigne sur le projet de réforme du Code d'instruction
criminelle (1896).

A Haïti et au Chili, la Cour souveraine judiciaire
n'a aucune attribution législative; elle peut seulement,
au Chili, être appelée à délibérer sur certaines matières
économiques.

Attributions disciplinaires. Le sénatus-consulte du 16 thermidor an X avait
conféré au Tribunal de cassation un droit de censure
sur la conduite des magistrats des tribunaux d'appel
et des tribunaux de première instance. Mais la loi du
20 août 1810 avait conféré aux Cours d'appel un
pouvoir disciplinaire sur leurs membres et sur les tribunaux inférieurs, de sorte qu'il y avait deux juridictions pour connaître des infractions à la discipline.

La loi du 31 août 1883 a confirmé, précisé, étendu
les attributions disciplinaires de la Cour de cassation.
Désormais la Cour de cassation constitue le Conseil
supérieur de la magistrature et est seule compétente
pour exercer le pouvoir disciplinaire sur tous les
membres de l'ordre judiciaire. Elle statue toutes
chambres réunies. Le procureur général remplit l'office de commissaire du Gouvernement près du Conseil
supérieur. Les séances doivent toujours avoir lieu à
huis clos. Le Conseil supérieur ne peut être saisi que
par le garde des sceaux.

Les fautes disciplinaires sont les manquements de nature à compromettre la dignité du magistrat. La loi de 1883 signale deux fautes disciplinaires spéciales : l'infraction à l'interdiction aux tribunaux de toutes délibérations publiques, la manifestation ou la démonstration d'hostilité au principe ou à la forme du Gouvernement de la République.

Les peines sont la censure simple, la censure avec réprimande qui emporte privation de traitement pendant un mois, la suspension provisoire qui suspend pour un mois le traitement, enfin la déchéance.

C'est encore la Cour de cassation qui donne son avis sur les déplacements de magistrats inamovibles demandés par le garde des sceaux. Ces déplacements ne peuvent entraîner d'ailleurs ni changements de fonctions ni rétrogradation de classe ni diminution de traitement.

A Haïti, c'est la Cour de cassation qui statue sur les forfaitures ; le juge ou l'officier du ministère public inculpé est mis en accusation personnelle par une section du Tribunal de cassation et jugé par le Tribunal entier, sections réunies. Si l'inculpation de forfaiture est dirigée contre un membre ou une section du Tribunal de cassation ou contre le Tribunal de cassation tout entier, les inculpés sont mis en accusation par la Chambre des communes et jugés par le Sénat.

Au Chili, la Cour suprême exerce un droit de surveillance générale sur les fonctionnaires de l'ordre judiciaire.

En résumé, on voit que les Cours souveraines judiciaires des trois pays que nous envisageons présentent entre elles de singulières affinités, mêmes ordres de fonctions destinées à assurer l'unité de jurisprudence et le maintien de la discipline, même durée viagère des fonctions. Les autres Cours qu'il nous reste à examiner présentent avec celles que nous venons d'étudier de notables dissemblances.

II

LES COURS SOUVERAINES HOMOGÈNES

Un seul pays, le Venezuela, a institué deux Cours
souveraines homogènes, c'est-à-dire toutes deux judiciaires.

Il a existé en France des Cours souveraines homogènes, c'est-à-dire extra-parlementaires, l'une Haute
Cour de justice, l'autre Cour de cassation : c'était le
système de la constitution de 1790; c'était le système
de la constitution de l'an VIII, et de ce qui en était la
contrefaçon, la constitution de 1852.

Mais ce n'est pas dans un départ entre les procès
de haut criminel d'une part, et les pourvois pour violation de la loi de l'autre, qu'il faut chercher la raison
du système binaire adopté au Venezuela. La dualité
de Cours souveraines sur les bords de l'Orénoque a
une origine toute différente : elle tient à l'évolution
politique du pays.

Sans cesse ballotté entre une République unitaire,
souvenir de la capitainerie qu'il formait au temps de
la domination espagnole, et une fédération d'États,
réminiscence des quatre provinces entre lesquelles se
partageait la capitainerie, ce malheureux pays, dé-
chiré par de perpétuelles guerres civiles, semble avoir
cherché la paix et la tranquillité dans une balance méti-

culeusement observée, une pondération scrupuleuse, un équilibre rigoureux, entre les éléments unitaires et fédéraux, qu'il admet dans sa constitution. Ainsi le Président de la République est élu par tous les citoyens; il a toujours auprès de lui le Conseil de gouvernement élu par le Congrès, au moyen d'un scrutin par État où la majorité des sénateurs et des députés détermine le sens du suffrage. Ainsi encore le Congrès lui-même est composé d'une représentation de la Nation, la Chambre des députés élue par les citoyens, et d'une délégation des États, le Sénat nommé par le pouvoir législatif de chaque État; le Congrès a pour président le président du Sénat, mais pour vice-président le président de la Chambre des députés. Ainsi enfin nous verrons qu'aucune modification à la constitution ne peut être faite sans le concours, non seulement des deux Chambres, mais du pouvoir national, et des pouvoirs de États. Si ce sont les États qui prennent l'initiative d'un amendement, il doit être ratifié par le Congrès, et, si c'est le Congrès qui fait la proposition, elle doit être adoptée par les assemblées législatives des États.

C'est ce même dualisme que nous rencontrons dans l'organisation de ce que la constitution du Venezuela appelle le pouvoir judiciaire national. De même que dans les États fédéraux les éléments unitaire et fédéral ont chacun une Assemblée politique pour les représenter, de même ici chacun de ces deux éléments s'incarne dans une des deux Cours souveraines : l'une la Haute Cour fédérale est la Cour de la Nation, l'autre la Cour de cassation est la Cour des États.

Il semblerait qu'entre deux juridictions aussi juxtaposées il devrait y avoir des points de contact nombreux. Et cependant, quand on confronte les dispositions réglant l'un et l'autre de ces grands corps, on surprend sur les points mêmes où se présente une similitude apparente de notables divergences de détails. Ce n'est que sur deux ou trois points que l'on peut relever une parfaite concordance.

Les deux Cours souveraines siègent toutes deux dans la capitale.

Les fonctionnaires des deux Cours, comme tous les autres membres des cours de justice, sont responsables dans les cas déterminés par la loi, pour trahison envers la patrie, subornation, corruption à l'occasion de l'exercice de leurs fonctions, infraction à la constitution et aux lois.

Jaloux d'assurer l'indépendance du pouvoir judiciaire vis-à-vis des Assemblées, les auteurs de la constitution ont décidé que les émoluments des membres des deux Cours, comme ceux d'ailleurs des autres juges, ne pourraient être changés tant qu'ils seraient en charge.

Protégés contre les mesquines vengeances du pouvoir législatif, les membres des Cours souveraines devaient l'être aussi contre les faveurs captieuses du Gouvernement. La constitution décide que les membres des deux Cours ne peuvent accepter de fonctions du pouvoir exécutif pendant les six années pour lesquelles ils sont élus, quand même ils donneraient leur démission. Il est vrai que la constitution semble n'appliquer cette règle qu'à ceux qui auront occupé

Dispositions communes.

Siège.

Responsabilité.

Traitement.

Incapacités attachées aux fonctions.

leurs fonctions pendant trois ans ou seront encore en
exercice, de sorte que, si l'on s'attache strictement à la
formule, le juge, qui n'aurait que deux ans de fonctions et donnerait sa démission, pourrait, au lendemain du jour où il s'est dépouillé de sa magistrature,
devenir fonctionnaire du pouvoir exécutif.

Dispositions spéciales.

Les dispositions spéciales à chacune des deux
Cours sont les plus nombreuses et les plus importantes.

Haute Cour fédérale. Caractère.

La Haute Cour fédérale est la Cour de la Nation, la
juridiction unitaire. C'est un mélange de Haute Cour,
de Cour suprême, et de juridiction du troisième
degré.

Composition.

La Haute Cour fédérale se compose de neuf membres. Ce nombre, qui correspond à celui des États, ne
peut être augmenté si les États se multiplient, mais
devrait être proportionnellement réduit s'ils venaient
à diminuer. Le ministère public est représenté par le
procureur général de la Nation. Ce procureur général
de la Nation est assisté de deux fiscaux ou substituts.

Pour le dire en passant, le procureur général de la
Nation dont les attributions sont déterminées par une
loi spéciale du 25 mai 1894, a des fonctions multiples qui lui donnent un peu le rôle d'un censeur national. C'est lui qui représente la Nation et le Trésor
dans toutes les instances, devant toutes les juridictions même en dehors de la capitale. C'est lui qui
dénonce à la Haute Cour fédérale les dispositions des
constitutions, lois ou règlements des États, contraires
à la constitution et aux lois fédérales. Enfin, c'est

lui qui relève les fraudes au préjudice du Trésor et
veille à leur répression.

Pour être éligible à la Haute Cour fédérale il suffit
d'être Venezuelien de naissance et âgé de trente
ans; aucune condition de capacité spéciale n'est requise.

L'assemblée législative de chaque État présente
pour chaque siège neuf candidats. Le Congrès choisit
parmi eux le conseiller titulaire et le conseiller suppléant attribués à l'État. Il classe les sept autres candidats qui peuvent être, par ordre de rang, appelés à
remplacer le titulaire et le suppléant empêchés. Le
procureur général de la Nation et ses deux substituts
sont élus tous les deux par la Chambre des députés,
dans des scrutins séparés.

Les membres étant élus par le Congrès, c'est lui
qui a qualité pour vérifier s'ils remplissent les conditions d'éligibilité imposées par la constitution.

La Haute Cour fédérale élit chaque année dans son
sein un président, un vice-président, un rapporteur,
un chancelier.

Elle nomme deux secrétaires, pris en dehors de ses
membres, et qui sont révocables.

Les conseillers de la Haute Cour fédérale sont élus
pour six ans. Le procureur général de la Nation et
ses deux substituts sont élus pour deux ans.

La Haute Cour fédérale est divisée en deux chambres et siège aussi en réunion plénière.

Les deux chambres sont les chambres de deuxième
et troisième instance.

La chambre de deuxième instance se compose de

Marginal notes:
- Éligibilité.
- Mode d'élection.
- Vérification des pouvoirs.
- Bureau
- Durée des pouvoirs
- Organisation.

trois conseillers élus par la Haute Cour en séance plénière ; elle statue en appel sur les affaires de contrebande, les affaires de prise, les affaires fiscales, les recours contre les décisions des juges de finances, les délits contre le droit des gens, les recours de force, *recursos de fuerza*, en matière ecclésiastique, les délits militaires, dans les cas où le Code militaire attribue la connaissance à la Haute Cour fédérale, les procès jugés en premier ressort par les tribunaux d'État faisant fonctions de tribunaux fédéraux, les affaires de responsabilité jugées en premier ressort par le président de la chambre de seconde instance.

La chambre de troisième instance se compose de six conseillers : ce sont les membres de la Cour qui n'ont pas été appelés à faire partie de la chambre de deuxième instance. Sa mission est de juger en troisième instance les affaires jugées en second ressort par la chambre de deuxième instance.

La Haute Cour fédérale siège en audience plénière sous deux titres divers.

Comme chambre de première et unique instance, elle décide dans les cinq jours de la réception de la dénonciation s'il y a lieu de poursuivre, et juge le Président de la République ; les fonctions de ministère public sont remplies par le procureur général de la Nation, ou, s'il est l'auteur de la dénonciation, par un des fiscaux ou substituts que désigne la Cour. Elle décide s'il y a lieu de poursuivre, et juge les membres du Conseil de Gouvernement, les membres de la Cour de cassation et ceux de la Haute Cour elle-même. Elle statue sur les affaires intéressant des agents diplomatiques, sur les affaires où la nation est partie, sur les contrats passés par le Président, sur la responsabilité des fonctionnaires, sur la nullité des actes illégaux ou inconstitutionnels d'agents fédéraux ou du district fédéral. Elle prononce les expropriations pour cause d'utilité publique.

Comme chambre des arrêtés — *sala de acuerdos* — elle remplit des fonctions politiques et administratives. Elle résout les conflits d'ordre politique entre fonctionnaires de l'Union et des États ou d'États différents, examine les affaires politiques qui lui sont soumises par les États, indique, entre plusieurs lois fédérales ou entre des lois fédérales et des lois d'États, ou entre des lois d'États différents, celle qui doit primer les autres. C'est en siégeant comme chambre des arrêtés que la Haute Cour, à défaut du Congrès, vérifie l'élection du Président de la République et, en cas de ballottage, élit le Président. C'est encore comme chambre des arrêtés qu'elle élit ceux de ses membres qui formeront la chambre de deuxième instance.

La Haute Cour fédérale a des attributions de deux ordres, des attributions politiques et des attributions judiciaires. Attributions

La Haute Cour fédérale résout les conflits d'attributions entre fonctionnaires d'ordre politique, soit de l'Union et des États, soit d'États différents. Elle donne son avis sur les affaires politiques à propos desquelles les États la consultent. Nous savons qu'à défaut du Congrès elle fait le recensement de l'élection présidentielle, et, en cas de ballottage, élit le Président de la République. Attributions politiques.

Au point de vue judiciaire, elle remplit cinq rôles.

C'est une Haute Cour de justice et c'est à ce titre qu'elle décide s'il y a lieu de poursuivre, et juge le Président de la République, les membres du Conseil de Gouvernement, les ministres, les membres de la Cour de cassation et ses propres membres.

C'est une Cour spéciale, une juridiction de cas réservés. C'est ainsi qu'elle juge les procès civils ou criminels intéressant les agents diplomatiques étrangers dans les cas où ils ne peuvent exciper de l'immunité, les procès en responsabilité contre les fonctionnaires, contre les agents diplomatiques venezueliens, qu'elle statue sur les procès civils où la nation est partie, sur les procès à l'occasion de contrats passés par le Président de la République, qu'elle prononce l'expropriation pour cause d'utilité publique.

C'est une Cour suprême, et c'est ainsi qu'elle prononce la nullité des actes illégaux accomplis par des fonctionnaires fédéraux ou du district fédéral, et qu'elle statue, comme un amendement à la constitution devenu définitif le 17 mars 1897 lui en donne le droit, sur l'inconstitutionnalité des lois fédérales.

C'est une juridiction du second et du troisième degré, et, comme telle, elle statue sur les questions de prises, de contrebande, sur les affaires fiscales, sur les délits contre le droit des gens, sur les recours de force, *recursos de fuerza*, en matière ecclésiastique, sur les affaires militaires dans les cas où il est permis de les porter devant elle, sur les appels des décisions des juges de finances, sur les affaires où les tribunaux d'État ont statué en premier ressort comme tribunaux fédéraux, sur les procès en responsabilité privée, portés en première instance devant son président.

C'est une consulte législative. Elle décide, soit entre une loi de l'Union et une loi de l'État, soit entre des lois d'États différents, celle qui doit être observée.

« La Cour de cassation, porte la constitution, est la juridiction des États. » C'est essentiellement la juridiction particulariste. C'est une Haute Cour, une Cour suprême, et aussi une Cour régulatrice.

Cour de cassation. Caractère.

La Cour de cassation se compose de neuf membres. Ce nombre correspond à celui des États. Il ne saurait être accru si les États s'augmentaient; il devrait être réduit proportionnellement à la diminution qu'ils pourraient subir. Il y a auprès de la Cour de cassation un fiscal général, qui remplit les fonctions de ministère public; un défenseur général, chargé d'accomplir pour les criminels les formalités des pourvois, s'ils les ont négligées, et de les défendre s'ils n'ont pas d'avocats pour les assister.

Composition.

Pour être éligible à la Cour de cassation, il faut être Venezuélien de naissance, avoir trente ans, et exercer la profession d'avocat depuis six ans.

Éligibilité.

L'assemblée législative de chaque État élit tous les six ans un membre titulaire, un suppléant et six candidats chargés de les remplacer au besoin. Le fiscal général et le défenseur général sont nommés par le Pouvoir exécutif, chacun sur une liste de quatre candidats présentés par la Cour.

Mode d'élection

11

Vérification des pouvoirs. C'est la Cour de cassation qui vérifie si ses membres remplissent les conditions d'éligibilité.

Bureau. La Cour de cassation élit, dans son sein, un président, un vice-président, un rapporteur et un chancelier.

Elle nomme parmi les membres du barreau, un secrétaire qui est révocable.

Durée des pouvoirs. Les conseillers de la Cour de cassation sont élus pour six ans. Le fiscal général et le défenseur général sont nommés pour trois ans.

Organisation. La Cour de cassation ne forme qu'une seule chambre.

Attributions. La Cour de cassation a des attributions de deux ordres : des attributions administratives et des attributions judiciaires.

Attributions administratives. Au point de vue administratif, elle exerce une certaine surveillance, et centralise les noms de tous les avocats établis dans chaque État; elle dresse, à l'aide des documents qui lui sont fournis par les États, la statistique judiciaire de l'Union; enfin elle rédige un rapport annuel sur les difficultés qui s'opposent à l'unification des lois civiles et criminelles.

Attributions judiciaires. Au point de vue judiciaire, la Cour de cassation a trois rôles.

Comme Haute Cour de justice, elle juge les fonctionnaires des États mis en accusation pour faits de charges.

Comme Cour suprême, elle prononce la nullité des actes illégaux accomplis par des fonctionnaires des États, elle confirme ou annule par mesure de défense et de protection (*amparo y proteccion*) les actes des hauts fonctionnaires, des employés des États ou du district fédéral en vue de l'incarcération des personnes, et elle statue, en vertu d'un amendement à la constitution devenu définitif le 17 mars 1897, sur l'inconstitutionnalité des lois des États.

Comme Cour régulatrice, elle statue sur les pourvois formés devant elle pour violation de la loi. Aux termes d'une loi du 30 mai 1891, il ne peut y avoir de recours en cassation, en matière civile, quand l'intérêt ne dépasse pas mille bolivars (1000 francs), en matière criminelle lorsque la peine n'excède pas trente jours de prison ou quatre cents bolivars (400 francs) d'amende. Il ne peut y avoir non plus de recours contre les verdicts du jury.

Nous avons vu qu'au Venezuela les deux Chambres, par deux délibérations conformes, pouvaient toujours se réunir. Les lois des 4 et 25 mai 1894 qui ont organisé, l'une la Cour de cassation, l'autre la Haute Cour et les autres tribunaux fédéraux, ont prévu la possibilité d'une réunion plénière des deux Cours souveraines. Elles décident que les conflits d'attribution entre les deux Cours, les conflits d'attribution entre fonctionnaires soit de l'ordre politique et administratif, soit de l'ordre judiciaire, soit de l'Union quand ils n'ont pas d'autre commun supérieur, soit de l'Union et des États, soit des États entre eux, seront tranchés par les deux Cours souveraines réunies en séance plénière.

C'est donc la réunion de l'une et de l'autre Chambre qui forme au Venezuela le tribunal des conflits. Si l'on réfléchit qu'en France c'est une délégation du Conseil d'État et de la Cour de cassation qui con-

Réunion
plénière.

stitue cette juridiction, on sera frappé de la similitude de ces juridictions souveraines instituées dans
des pays si éloignés les uns des autres, et formées
d'après des conceptions si différentes. On ne sera pas
moins surpris de constater que si la Cour de cassation a emprunté les attributions de notre Cour suprême, la Haute Cour fédérale semble en reproduire
exactement l'organisation. Il n'est pas jusqu'à l'élection de la Chambre de seconde instance qui n'ait eu
son analogue chez nous. Lors de la première réunion
de la Cour ou plutôt du Tribunal de cassation, ce
furent les juges eux-mêmes qui élirent un tiers de
leurs collègues pour siéger à la section des requêtes.
Tant au milieu d'apparentes divergences et de con-
trastes qui semblent absolus, il peut y avoir d'affinités intimes et de réelles ressemblances!

III

LA COUR SOUVERAINE UNIQUE

C'est une loi des sciences naturelles que dans les organismes supérieurs les organes se multiplient et se compliquent, tandis que dans les organismes inférieurs ils se réduisent et se simplifient. Nous venons de trouver deux Cours souveraines judiciaires au Venezuela ; à Saint-Domingue, nous n'en rencontrons plus qu'une, de même qu'une seule Chambre. La République dominicaine a pour Cour souveraine unique la Cour suprême.

La Cour suprême est tout à la fois une Haute Cour, une Cour spéciale, un tribunal des conflits, une Cour de second et dernier ressort, et une consulte législative. *Caractère.*

La Cour suprême se compose d'un président, de quatre membres et d'un procureur fiscal. *Composition.*

Les fonctions de membre de la Cour suprême sont incompatibles avec celles de membre du Congrès. *Incompatibilité.*

Les membres de la Cour suprême ne peuvent être élus au Congrès. *Incapacités attachées aux fonctions.*

Pour pouvoir être président, membre ou procureur fiscal de la Cour suprême, il faut être citoyen de naissance ou naturalisé depuis six ans, âgé de 50 ans, et exercer la profession d'avocat devant un tribunal de la République. *Éligibilité.*

Mode d'élection. Le 27 novembre qui précède la fin d'une période constitutionnelle, d'une olympiade dominicaine, car à Saint-Domingue tous les pouvoirs — Présidence de la République, Congrès, Chambre des comptes, Cour suprême — sont quadriennaux, les collèges électoraux élus, comme nous l'avons vu, par les assemblées primaires, se réunissent au chef-lieu de chaque province, pour dresser la liste des personnes remplissant les conditions d'éligibilité à la Cour suprême. Les listes sont transmises au Congrès. Le Congrès nomme au scrutin secret les membres de la Cour suprême. Le procureur fiscal est choisi sur ces listes par le pouvoir exécutif.

En cas de mort, décès, déchéance ou incapacité, les collèges électoraux sont convoqués extraordinairement et dressent les listes nécessaires à l'élection. Ou le Congrès est réuni, et il procède au choix du nouveau membre, ou il ne l'est pas, et c'est le Président de la République, assisté d'une commission, qui procède à la nomination. Le membre nommé par le Congrès ou le Président ne fait qu'achever la période commencée par son prédécesseur.

Durée des pouvoirs. Les membres de la Cour suprême, comme les membres du Congrès et le Président de la République, sont nommés pour quatre ans.

Attributions. La Cour suprême a des attributions de deux ordres, législatives et judiciaires.

Attributions législatives. La Cour suprême jouit d'un certain droit d'initiative législative. Elle peut, en matière judiciaire, présenter des projets de loi au Congrès.

Dans l'intervalle des sessions, elle statue en sup-

pléance du Congrès sur le contentieux administratif.

Au point de vue judiciaire la Cour suprême joue
cinq rôles :

C'est une Haute Cour de justice. Elle juge le Président et le Vice-président de la République, les secrétaires d'État et ses propres membres mis en accusation
devant elle par le Congrès. Elle juge aussi les gouverneurs et juges de première instance.

C'est une Cour spéciale. Elle connaît des causes
civiles et criminelles intéressant des agents diplomatiques étrangers dans les cas où ils ne peuvent invo-
quer l'immunité. Elle statue aussi sur les actions en
responsabilité contre les agents diplomatiques dominicains pour fautes commises dans leurs fonctions.
Elle statue sur les prises.

C'est un tribunal des conflits. Elle statue sur les
litiges entre les gouverneurs et les juges de première
instance en matière de juridiction et de compétence.

C'est une Cour de second et dernier ressort; c'est
l'unique Cour d'appel du pays et son ressort est d'ailleurs moins étendu que celui d'une de nos Cours
moyennes. Elle statue sur les appels des tribunaux de
première instance et des tribunaux militaires.

Enfin, c'est une consulte législative : elle désigne
entre plusieurs lois celle qui doit être appliquée.

Tels sont les caractères que présente la Cour
suprême de Saint-Domingue. Nous signalions en
débutant le contraste que cette juridiction unique
offre avec les deux Cours du Venezuela, et cependant, entre les deux organisations, il ne manque pas

Attributions judiciaires.

de similitudes. A Saint-Domingue, les membres de la Cour suprême, comme au ¡Venezuela ceux de la Haute Cour, sont élus par le Congrès. A Saint-Domingue comme au Venezuela, les membres des Cours souveraines sont élus à temps. La Cour suprême dominicaine a les mêmes attributions spéciales que la Haute Cour venezuelienne pour les procès intéressant les agents diplomatiques.

Il y a cependant dans la Cour suprême dominicaine un ensemble de caractères dont il est impossible de n'être pas frappé. Elle est élue, dans les mêmes conditions que le Sénat de la République haïtienne sa voisine, par la Chambre, sur des listes présentées par les collèges électoraux, organes du suffrage au second degré qui, pour le dire en passant, ne se rencontrent que dans les deux États appelés à former dans la pensée des patriotes d'« Hispañola » la « Confédération quisquéyenne ». Les pouvoirs de ses membres ne dépassent pas quatre années, c'est-à-dire qu'elle a précisément la même durée que le Congrès qui l'a élue. Elle est investie d'un droit d'initiative pour les projets de loi d'ordre judiciaire, comme si elle était une partie intégrante du Corps législatif. Enfin elle est chargée, en l'absence du Congrès, de statuer sur le contentieux administratif que juge le Congrès pendant ses sessions. N'est-il pas facile d'apercevoir qu'elle est, au demeurant, un corps aussi politique que judiciaire, une sorte de Chambre haute : nous avons vu des Sénats faire office de Cours souveraines, nous voyons ici une Cour suprême remplir certaines fonctions d'un Sénat.

CHAPITRE IV
LES RÉFORMES CONSTITUTIONNELLES

I

Nous avons dit que les dispositions qui président au fonctionnement d'un régime se trouvent éparses dans les lois et dans les règlements des Assemblées, dans les usages et dans les précédents. Il est cependant dans toutes les Républiques parlementaires certaines dispositions qui sont considérées comme particulièrement importantes. Ce sont les dispositions constitutionnelles, c'est-à-dire les dispositions insérées dans la Charte fondamentale du régime.

Ces dispositions pas plus que les autres ne sont éternelles; ne changeât-on pas les articles eux-mêmes, le temps à lui seul a pour effet de modifier l'esprit qui en inspire l'application. Les circonstances, les crises déterminent des tendances qui, pour ne pas paraître dans les textes, n'en peuvent pas moins altérer la nature même du régime politique; la coutume, la pratique ont aussi une influence considérable, lente peut-être, mais sûre; un régime politique est donc dans un perpétuel devenir et change tous les jours. Mais en dehors de cette transformation quotidienne et continue, il y a, dans la vie d'un peuple, des moments critiques, où les institutions fondamentales, ne répondant plus aux besoins du jour, doivent céder la place à d'autres plus jeunes, où les éléments primordiaux de l'organisation politique doivent repasser sur le métier pour être mis en harmonie avec les nécessités et les aspirations du temps, où, en un mot, il y a lieu à revision.

Cette revision, qui est d'ailleurs entourée de précautions diverses, est opérée soit par les Assemblées, soit par la réunion plénière des Assemblées, soit par l'Assemblée unique.

La revision est opérée par les Assemblées au Chili et au Venezuela.

Dans ces deux pays il faut distinguer l'interprétation de la constitution et les réformes constitutionnelles.

Interprétation de la constitution.

L'interprétation obligatoire d'une constitution ou, comme disent les jurisconsultes, l'interprétation « par voie d'autorité » ne peut en principe être donnée que dans la forme où cette constitution peut être revisée. Au Chili et au Venezuela cependant il en est autrement. Au Chili, la constitution décide que si c'est au Congrès seul à interpréter la constitution dans les cas douteux, le Congrès peut le faire dans la forme ordinaire des lois. On ne compte pas moins de quatre lois interprétatives de dispositions obscures de la constitution.

Au Venezuela, l'interprétation de la constitution et

la solution des contradictions que peuvent présenter
entre eux soit les articles, soit la constitution et
les lois fédérales, sont du ressort de la Haute Cour
fédérale. Cette Haute Cour donne cette interprétation
constitutionnelle en chambre des arrêtés.

Au Chili et au Venezuela, les réformes constitution- Réformes
constitution-
nelles.
nelles sont opérées par les Assemblées ordinaires,
mais, en outre de l'adoption, une homologation est
nécessaire.

Au Chili, les réformes constitutionnelles sont votées Adoption.
comme les lois ordinaires.

Le projet de réforme peut être présenté par le Gouvernement ou par un membre d'une Assemblée. Voté
dans une Chambre, et repoussé par l'autre, il revient
dans la Chambre où il a pris naissance. S'il réunit les
deux tiers des voix, il ne peut être repoussé dans l'autre Chambre qu'à la majorité des deux tiers des voix.
Si le projet voté par une Chambre subit des amendements dans l'autre, il retourne à la Chambre où il a
pris naissance; si les amendements ne sont pas adoptés à la majorité absolue, le projet retourne à la
Chambre qui les a proposés, et si cette Chambre les
adopte à la majorité des deux tiers, l'autre ne peut les
repousser qu'à la majorité des deux tiers.

Le Président de la République a le droit d'objection et d'observation pour les projets de réforme constitutionnelle comme pour les projets de loi ordinaire. S'il l'exerce, le projet revient devant les Chambres, et les objections ou modifications ne peuvent
être repoussées qu'à la majorité des deux tiers dans
chacune d'elles.

Par une rigueur spéciale, la loi fondamentale exige la présence de la majorité absolue des membres dans chaque Chambre pour le vote d'une réforme constitutionnelle. En revanche, par une faveur particulière, elle permet de présenter un projet de réforme constitutionnelle dans une session extraordinaire, alors même qu'il ne serait pas indiqué comme sujet de délibération.

Au Venezuela, les réformes constitutionnelles peuvent être réclamées, soit par les États, soit par le Congrès. Dans un cas, le Congrès est saisi par les délibérations des assemblées législatives des trois quarts des États siégeant en session ordinaire. Dans l'autre, il est saisi par la proposition d'un de ses membres. Les réformes constitutionnelles sont votées en la forme ordinaire des lois : elles doivent être adoptées successivement dans les deux Chambres. Si la Chambre saisie la seconde rejette le projet, il avorte. Si elle l'amende, et que la Chambre d'origine modifie ou rejette l'amendement, une réunion plénière peut être provoquée pour trancher le différend. Enfin les Chambres pouvant se former en Assemblée plénière toutes les fois qu'elles le jugent nécessaire, le projet peut aussi, semble-t-il, être voté en réunion générale. D'ailleurs le Président des États-Unis du Venezuela n'a pas plus de *veto* pour les réformes constitutionnelles que pour les lois.

Par une rigueur spéciale précisément contraire à la faveur accordée au Chili, les réformes constitutionnelles ne peuvent être votées par le Congrès qu'en session ordinaire.

L'homologation repose sur des principes différents
au Chili et au Venezuela.

Au Chili, les auteurs de la constitution semblent
avoir eu la pensée que la constitution étant la loi
des lois, une disposition constitutionnelle devait
subir deux fois la procédure imposée aux lois ordinaires.

Aussi, lorsque la réforme constitutionnelle est
adoptée, elle doit, dans les six mois du vote, et trois
mois au moins avant l'homologation, être promulguée
par le Président de la République.

La réforme est présentée au Congrès qui succède à
celui qui l'a votée. Chaque Chambre du nouveau
Congrès ne peut procéder au vote qu'en la présence
de la majorité absolue de ses membres. Toutes
modifications sont interdites. Ou la réforme réunit
dans chaque Chambre la majorité absolue des membres présents, et elle est alors transmise au Président
de la République qui la promulgue sans pouvoir
exercer son *veto*, ou elle ne réunit pas dans chaque
Chambre la majorité absolue, et alors elle est tenue
pour non avenue.

Le Congrès appelé à homologuer peut d'ailleurs
délibérer sur l'homologation de la réforme dans une
session extraordinaire, alors même que cette homologation ne serait pas indiquée comme sujet de délibération. Il peut même tenir une session spéciale de
quatre-vingt-dix jours pour en délibérer.

On ne compte pas au Chili, depuis 1855, moins de
huit réformes constitutionnelles.

Au Venezuela, nous l'avons dit, les constituants se

sont efforcés de balancer exactement les droits de
l'Union et les droits des États, et ils semblent avoir
considéré la constitution comme un contrat synallag-
matique qui ne pouvait être modifié que par le concours de l'Union et des États.

Aussi, lorsque la réforme constitutionnelle a été
votée par le Congrès, elle est soumise aux assemblées
législatives des États : a-t-elle été votée sur l'initiative
du Congrès lui-même, elle ne devient définitive que
si elle est ratifiée par les assemblées législatives des
trois quarts des États; a-t-elle été réclamée par les
assemblées législatives des trois quarts des États, il
semble — c'est ce qui paraît du moins résulter du texte
— que l'on se contente pour la ratification de l'approbation par les assemblées législatives de la majorité
des États.

C'est le président du Congrès, c'est-à-dire le président du Sénat, qui transmet le projet voté par les
Chambres aux assemblées législatives. Les décisions
des assemblées législatives sont transmises au Congrès qui les constate, et ordonne, s'il y a lieu, la promulgation de l'amendement.

Les dispositions ne peuvent, d'ailleurs, entrer en
vigueur qu'après le renouvellement du Congrès qui
les a proposées ou sanctionnées. Les constituants de
Caracas, cédant à une préoccupation que nous avons
pu déjà constater chez eux, n'ont pas voulu que les
membres du Congrès pussent opérer des réformes
constitutionnelles dont ils devinssent immédiatement
les bénéficiaires.

LES RÉFORMES PAR LA RÉUNION PLÉNIÈRE DES ASSEMBLÉES

Au Venezuela, les lois peuvent être votées dans les Chambres réunies, et les réformes constitutionnelles étant soumises à la même procédure que les lois peuvent se trouver, nous l'avons vu, votées en Assemblée plénière.

Ce qui est un procédé facultatif au Venezuela est le mode nécessaire d'adoption des réformes constitutionnelles en France et à Haïti.

Et ici il n'y a pas lieu de distinguer entre l'interprétation et la réforme de la loi constitutionnelle. L'interprétation d'un texte constitutionnel par voie d'autorité ne peut avoir lieu, en France et à Haïti, que dans la même forme où aurait lieu la réforme.

La procédure de la réforme se divise en deux phases : la proposition et l'adoption.

En France, ce sont les deux Chambres qui déclarent qu'il y a lieu à revision. Cette déclaration peut être faite, soit sur l'initiative d'un membre de l'une ou de l'autre Chambre, soit sur l'initiative du Gouvernement. Les lois constitutionnelles de 1875 avaient admis une disposition transitoire qui conférait au Président en fonctions une sorte d'initiative propre, de pouvoir personnel en cette matière. L'article 8 de la

Proposition.

loi du 25 février 1875 portait : « pendant la durée
des pouvoirs conférés par la loi du 20 novembre 1873
à M. le maréchal de Mac-Mahon, cette revision ne
peut avoir lieu que sur la proposition du Président de
la République ». Les termes mêmes de l'article en in-
diquent le motif : on ne voulait pas que le Maréchal
vît, malgré lui et peut-être contre lui, diminuer la
durée des pouvoirs que lui avait conférés une loi anté-
rieure, la charte du septennat. Aujourd'hui cette disposition transitoire a cessé d'être en vigueur, et il en
est de la modification des lois constitutionnelles
comme de la modification des autres lois, l'initiative
est partagée entre les membres des Chambres et le
Président de la République.

Cependant, si l'initiative des réformes constitutionnelles est depuis 1879 plus largement ouverte, l'objet
de ces réformes se trouve aujourd'hui restreint. L'Assemblée nationale qui vota les lois constitutionnelles
de 1875 était composée en grande partie de monarchistes qui, tout en se résignant à la République, en-
tendaient cependant laisser toute facilité de rétablir
la Royauté par les voies légales, si quelque jour elle
devenait possible. Aussi n'est-il pas douteux que pour
eux la faculté de revision comportait non seulement
des corrections, mais une transformation complète et
la substitution de la Monarchie à la République. La
faculté de revision a perdu aujourd'hui cette étendue :
en effet, la loi de revision du 14 août 1884 a ajouté à
l'article 8 de la loi du 25 février 1875 un paragraphe
ainsi conçu : « la forme républicaine du Gouvernement
ne peut faire l'objet d'une proposition de revision ».

La proposition de revision doit être approuvée par les deux Chambres.

Seulement il y a ici un mode particulier d'obtenir l'accord des deux Assemblées. D'une façon générale, un projet ne devient loi qu'après avoir passé dans les deux Chambres. Ici, au contraire, le concours des deux Chambres se réalise d'une autre façon; ce concours résulte de l'adoption simultanée par les deux Chambres d'une résolution identique. C'est la conformité des deux textes, la concordance des deux résolutions qui consomme la coopération, la collaboration des deux Chambres.

Ce sont donc les Chambres qui déclarent chacune par délibération séparée, à la majorité absolue des voix, qu'il y a lieu à revision. « Les Chambres auront le droit, dit l'article 8 de la loi du 25 février 1875, de déclarer qu'il y a lieu de reviser les lois constitutionnelles. » Mais comment doit être libellée cette déclaration? Doit-elle mentionner les articles à reviser, et, si elle les mentionne, les délibérations des Chambres limitent-elles aussi l'ordre du jour, les pouvoirs de l'Assemblée nationale, ou, au contraire, l'Assemblée nationale une fois réunie est-elle maitresse de son ordre du jour, incarne-t-elle la souveraineté, et peut-elle, par conséquent, et procéder à une revision intégrale, et même se soumettre tous les pouvoirs, et, investie de la toute-puissance, s'ériger en Convention?

Par elle-même la question est délicate, mais les conséquences des diverses solutions la rendent bien plus épineuse encore: l'Assemblée nationale est-elle toute-puissante, on aura l'Assemblée sans *veto* que

12

redoutait Mirabeau, et au joug de laquelle il préférait
le despotisme du Grand Seigneur. N'a-t-elle que des
pouvoirs limités, quelle sera la sanction de cette
limite, et pour empêcher une Convention ira-t-on faire
du Président le régulateur du Congrès? La question
fut vivement débattue lors des deux réunions de l'Assemblée nationale en 1879 et en 1884. Elle le fut surtout dans la séance de la Chambre des députés du
26 janvier 1882 où Gambetta, alors chef du Cabinet,
soutint énergiquement la thèse de la revision limitée.
Il fut vaincu : 268 voix contre 218 accordèrent la priorité à une rédaction qui impliquait à ses yeux la
« compétence absolue », comme on disait, c'est-à-dire
la pleine souveraineté du Congrès. Mais sa thèse
momentanément vaincue n'en triompha pas moins.
Écartée en 1882, la revision fut reprise en 1884, et,
dans les débats qui précédèrent la session de l'Assemblée nationale d'août 1884, il fut entendu que le programme de revision serait limité par les délibérations
des deux Chambres; en effet, les amendements qui portaient sur d'autres points que ceux que les deux Chambres avaient indiqués furent écartés par la question
préalable, et on adopta en pratique la doctrine que deux
ans auparavant Gambetta résumait ainsi : « la Chambre des députés et le Sénat délibérant sur une formule
commune donnent naissance au Congrès. Mais le
Congrès ne reçoit que ce que peuvent lui transmettre
et lui donner les deux parties souveraines du Pouvoir
législatif. » Bien plus, comme l'a fait remarquer
M. de Saint-Girons, non seulement les questions
furent limitées, mais encore les réponses furent

arrêtées d'avance et le texte adopté se trouvait convenu par les deux Chambres; ainsi l'Assemblée nationale se réduisit à une Chambre solennelle d'enregistrement de décisions prises préalablement par le Sénat et la Chambre des députés. C'était, et John Lemoine en fit à l'époque l'observation dans le *Journal des Débats*, le premier exemple de grands corps prenant de semblables engagements et les tenant.

A Haïti, comme en France, la proposition de revision prend naissance dans les Assemblées ordinaires. Un membre de l'une ou de l'autre Assemblée ou le Gouvernement peut en prendre l'initiative. La déclaration qu'il y a lieu à revision doit être votée successivement dans les deux Chambres. Mais elle ne peut être faite que dans la dernière session d'une période de la Chambre des Communes. La Chambre des Communes se renouvelle, nous l'avons dit, intégralement, tous les trois ans. La déclaration de revision ne peut donc être faite que dans la troisième année d'une législature.

En France, une fois les résolutions conformes prises par le Sénat et la Chambre des députés, les Assemblées se réunissent en Assemblée nationale. Cette Assemblée a, on le sait, pour bureau, le bureau du Sénat. Elle a pour siège Versailles. C'est l'Assemblée nationale qui vote les réformes constitutionnelles. Elle les vote à la majorité absolue des membres. M. Lefebvre, dans ses *Études sur les lois constitutionnelles*, a signalé ici un danger. Les deux Assemblées se trouvant numériquement inégales, la plus

Adopt.on.

nombreuse, après avoir accepté la limitation du programme de revision pour obtenir le consentement de l'autre à la réunion du Congrès, est libre d'abuser de la majorité qu'elle peut constituer pour sortir des bornes tracées; il y a là, on ne saurait le méconnaître, un péril aussi facile à prévoir que malaisé à conjurer. L'Assemblée nationale ne rencontrerait pas même l'obstacle qui peut être opposé aux lois ordinaires, le droit du Président de la République de provoquer une nouvelle délibération. Le Président de la République ne jouit pas, en effet, pour les réformes constitutionnelles, du *veto* mitigé dont il est habituellement investi : un amendement qui lui conférait le droit de provoquer une nouvelle délibération de l'Assemblée nationale fut repoussé lors de la discussion de la loi sur les pouvoirs publics.

L'Assemblée nationale forme un corps spécial. Ainsi que nous l'avons vu, elle n'absorbe pas et n'anéantit pas les deux Chambres qui peuvent continuer à siéger séparément. Durant la revision de 1884 qui s'est prolongée pendant plusieurs jours, les Chambres, indépendamment de leurs réunions plénières, ont tenu des séances particulières.

L'Assemblée nationale n'a en effet qu'une compétence limitée. Si elle est seule investie du droit de modifier les dispositions constitutionnelles, en revanche elle ne saurait voter les lois ordinaires. En 1884, le projet de revision déclassait seulement sans les abroger les articles 1 à 7 de la loi du 24 février 1875 sur l'organisation du Sénat, et se bornait à déclarer qu'ils perdaient leur caractère constitutionnel.

M. Andrieux soutint qu'une pareille mesure dépassait les pouvoirs de l'Assemblée nationale, car, suivant lui, elle se décomposait en une abrogation complète et une adoption à titre de loi ; or, si le Congrès pouvait abroger, il ne pouvait reprendre la disposition qu'il abrogeait pour en faire une loi ordinaire. Ce n'était qu'une ingénieuse subtilité qui n'arrêta pas et ne pouvait arrêter l'Assemblée, car on ne comprendrait pas que l'Assemblée nationale pouvant abroger, ne pût pas dépouiller certaines dispositions du caractère constitutionnel.

On sait qu'il y a eu en France deux revisions : l'une, accomplie par la loi du 21 juin 1879, a abrogé l'article qui fixait à Versailles le siège des pouvoirs publics ; l'autre, accomplie par la loi du 14 août 1884, a abrogé l'article qui prescrivait des prières publiques pour la rentrée des Chambres, enlevé le caractère de dispositions constitutionnelles aux dispositions relatives à l'élection du Sénat, et inséré deux additions, l'une précisant le délai de convocation de la Chambre des députés après une dissolution, l'autre interdisant de faire de la forme républicaine du Gouvernement l'objet d'une proposition de revision et déclarant les membres des familles ayant régné sur la France inéligibles à la Présidence de la République.

A Haïti, une fois la déclaration qu'il y a lieu à revision votée par les deux Chambres, elle est publiée dans toute l'étendue de la République. A la session suivante, les deux Chambres se réunissent en Assemblée nationale. Cette Assemblée, on l'a vu, a pour président, le président du Sénat, pour vice-président,

le président de la Chambre, pour secrétaires, les
secrétaires des deux Chambres. L'Assemblée nationale statue sur la revision proposée. Elle ne peut délibérer que si les deux tiers des membres sont présents,
et tout changement doit r.'unir les deux tiers des suffrages.

III

LES RÉFORMES PAR L'ASSEMBLÉE UNIQUE.

Il n'y a qu'une République parlementaire, la République Dominicaine qui ait une seule Assemblée. Dans cette République c'est la Chambre unique, le Congrès qui opère les réformes constitutionnelles.

Il n'y a pas lieu d'ailleurs de distinguer entre l'interprétation et la réforme de la constitution : l'interprétation ne peut être donnée que dans les formes ou la réforme serait opérée.

Les réformes constitutionnelles ont deux stades, la proposition et l'adoption.

La proposition est soumise à de multiples conditions.

Proposition.

Un certain nombre de principes sont soustraits à toute revision : il est interdit de mettre en question la forme républicaine et démocratique du Gouvernement, le système représentatif, l'alternance des pouvoirs et la responsabilité des fonctionnaires.

La proposition doit passer par deux épreuves.

La première est la délibération sur le point de savoir si on mettra en discussion la réforme. C'est une sorte de prise en considération. Si la demande de discussion échoue, la réforme est écartée.

La seconde est la délibération sur la nécessité des

réformes proposées; elle a lieu dans trois séances distinctes, séparées au moins par trois jours d'intervalle. La nécessité doit être reconnue à la majorité des deux tiers du nombre des membres du Congrès, c'est-à-dire par seize voix sur vingt-quatre.

Adoption. La nécessité déclarée, un projet de loi est rédigé opérant les réformes constitutionnelles. Ces modifications ne peuvent porter que sur les dispositions dont, à la majorité des deux tiers, la modification a été reconnue nécessaire.

Le projet de loi est délibéré et voté comme les lois ordinaires, et devient de suite amendement constitutionnel.

L'intention des constituants dominicains a été manifestement de combiner, en la forme des lois ordinaires, la distinction des deux phases de la révision avec le vote des réformes constitutionnelles par une Assemblée unique. En réalité, ils se sont bornés à décomposer la procédure parlementaire en deux délibérations, l'une sur le principe, l'autre sur la réalisation de la réforme, chacune passant par toutes les phases par lesquelles doit passer une loi avant d'être votée par le Congrès. Chose étrange : c'est précisément dans cette constitution où l'unité de Chambre semblerait appeler le contrôle et le contrepoids, la ratification de l'Assemblée suivante, le droit d'observation du Président, que l'on ne rencontre ni nécessité d'homologation, ni possibilité de veto.

Une remarque s'impose qui nous servira de conclusion.

À travers ces diverses organisations, nous n'a-

vous jamais vu confier à une Constituante le soin
d'élaborer les réformes constitutionnelles. Partout
nous avons vu les pouvoirs existants appelés à exercer
les pouvoirs constituants et ne subissant dans leur
fonction nouvelle que de légères modifications : ici
fusion des deux Chambres, là redoublement du vote
de la loi, là enfin ratification des dispositions nouvelles par les assemblées législatives des États, là
enfin multiplication des délibérations. Nulle part nous
ne voyons les Assemblées de revision, ou plutôt les
Assemblées en fonctions de réformation constitutionnelle investies de pouvoirs souverains : bien loin
de là, elles sont enfermées dans un mandat spécial
jalousement circonscrit.

Ces revisions limitées sont-elles les seules que con-
naîtra l'avenir? A-t-on pour jamais renoncé aux revisions intégrales? Ce serait peut-être se flatter que de
le croire, alors que, dès que se produit une crise, on
voit surgir des propositions de revision générale et
réclamer une Constituante. Si le mode régulier institué par la constitution convient aux réformes modé-
rées, aux corrections de détail, aux mises à point de
la loi fondamentale, se prêterait-il aussi à ces changements intégraux, à ces réformes totales, que le
peuple, à un moment donné, peut impérieusement
vouloir! L'avenir nous l'apprendra : « Demain, dit
le poète antique, demain est un spectre voilé. »

31 décembre 1901.

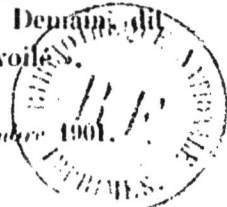

INDEX ALPHABÉTIQUE

TABLE DES MATIÈRES

13785. — Imprimerie LANURE, 9, rue de Fleurus, à Paris.